U0607660

五代十国——乱世风雨

◎主编 金开诚
◎编著 于 元

吉林出版集团
吉林文史出版社

图书在版编目（CIP）数据

五代十国 ：乱世风雨 / 金开诚著. -- 长春 ：吉林文史出版社，2011.10
（2023.4重印）
（中国文化知识读本）
ISBN 978-7-5472-0876-2

Ⅰ. ①五… Ⅱ. ①金… Ⅲ. ①中国历史－五代十国
时期 Ⅳ. ①K243

中国版本图书馆CIP数据核字（2011）第209628号

五代十国——乱世风雨

WUDAISHIGUO LUANSHIFENGYU

主编/金开诚　编著/于　元
项目负责/崔博华　责任编辑/崔博华　高原媛
责任校对/高原媛　装帧设计/李岩冰　李宝印
出版发行/吉林出版集团有限责任公司　吉林文史出版社
地址/长春市福祉大路5788号　邮编/130000
印刷/天津市天玺印务有限公司
版次/2011年10月第1版　印次/2023年4月第3次印刷
开本/660mm×915mm　1/16
印张/9　字数/30千
书号/ISBN 978-7-5472-0876-2
定价/34.80元

编委会

主 任：胡宪武

副主任：马　竞　周殿富　董维仁

编　委（按姓氏笔画排列）：

于春海　王汝梅　吕庆业　刘　野　孙鹤娟

李立厚　邴　正　张文东　张晶昱　陈少志

范中华　郑　毅　徐　潜　曹　恒　曹保明

崔　为　崔博华　程舒伟

前言

文化是一种社会现象，是人类物质文明和精神文明有机融合的产物；同时又是一种历史现象，是社会的历史沉积。当今世界，随着经济全球化进程的加快，人们也越来越重视本民族的文化。我们只有加强对本民族文化的继承和创新，才能更好地弘扬民族精神，增强民族凝聚力。历史经验告诉我们，任何一个民族要想屹立于世界民族之林，必须具有自尊、自信、自强的民族意识。文化是维系一个民族生存和发展的强大动力。一个民族的存在依赖文化，文化的解体就是一个民族的消亡。

随着我国综合国力的日益强大，广大民众对重塑民族自尊心和自豪感的愿望日益迫切。作为民族大家庭中的一员，将源远流长、博大精深的中国文化继承并传播给广大群众，特别是青年一代，是我们出版人义不容辞的责任。

本套丛书是由吉林文史出版社组织国内知名专家学者编写的一套旨在传播中华五千年优秀传统文化，提高全民文化修养的大型知识读本。该书在深入挖掘和整理中华优秀传统文化成果的同时，结合社会发展，注入了时代精神。书中优美生动的文字、简明通俗的语言、图文并茂的形式，把中国文化中的物态文化、制度文化、行为文化、精神文化等知识要点全面展示给读者。点点滴滴的文化知识仿佛颗颗繁星，组成了灿烂辉煌的中国文化的天穹。

希望本书能为弘扬中华五千年优秀传统文化、增强各民族团结、构建社会主义和谐社会尽一份绵薄之力，也坚信我们的中华民族一定能够早日实现伟大复兴！

目录

一、后梁

从唐朝灭亡到北宋建立的五十多年间，史称五代十国。在这一历史时期，先后出现了后梁、后唐、后晋、后汉、后周五个朝代。在这一历史时期，还出现了十几个割据政权，主要有前蜀、后蜀、吴、南唐、吴越、闽、楚、南汉、南平、北汉，统称十国。关于五代十国的年限，一般传统说法认为唐朝亡于907年，北宋建于960年，因此五代十国存在于907年至960年期

间。

后梁缔造者朱温是唐末砀山县人。他的父亲朱诚精通五经，在本乡以教书为业，人称“朱五经”，不幸过早地去世了。

朱诚去世后，朱温的母亲王氏见生活无着，便带着三个儿子投奔萧县富户刘崇。

刘崇原与朱诚同乡，后来迁到萧县。刘崇见老乡来投，就收留了他们。于是，王氏在刘家为佣，三个孩子在地里干农活。

老大朱昱老实本分，尽心尽力为刘家种田。老二朱存与老三朱温干了几年农活后，渐渐不安心劳作了。尤其是朱温，几乎不到田里去，整天舞枪弄棒，练功习武，常受刘崇的打骂。不过，刘崇的母亲对朱温十分偏爱，从小就亲手为他梳发理衣。朱温每次挨打，她都尽力遮护，并告诫家人要善待朱温。在她的钟爱下，朱温到处拜师学武，母亲王氏也无可奈何。

唐僖宗乾符年间（874—888年），王仙芝与黄巢发动起义，频频在曹、沂、徐、宋、汝、邓等州一带活动。朱温闻讯后，约上二哥朱存，辞别了母亲和大哥，前去投奔黄巢领导的农民起义军。这年，他已经26岁了。

朱温自幼学武，喜欢厮杀场面，从来不怕死，又兼天性狡诈，因此作战机智勇敢，总是冲在最前面，多次立下战功。不久，他便被提升为起义军的队长了。

朱温追随黄巢南征北战，到过安徽、浙西、浙东、福建、广州，又经湖南、湖北、河南，最后向长安进军。

这期间，朱存战死在江南，朱温则因作战骁勇，接连被提拔。黄巢攻入长安后，朱温被任命为东南行营先锋使，成为独当一面的重要将领了。

唐僖宗中和二年（882年）正月，黄巢任命朱温到唐军控制的同州去担任刺史，命令他夺占同州。朱温大军一到，唐朝的同州刺史慌忙弃城逃往河中，朱温顺利地占领了同州。

朱温占领同州后，乘胜进攻河中，但未能获胜。不久，唐朝的河中守将王重荣率领所部包围了同州。朱温在同州三面受敌，于是他接连向黄巢告急，请求救援。

黄巢在攻克长安之后，没有及时追击唐朝的残余势力，任其逃入四川，赢得了喘息的机会，得以组织力量反扑。这时，唐军云集，合围在长安城下。唐僖宗还请沙陀族李克用、党项族拓跋思恭各率本

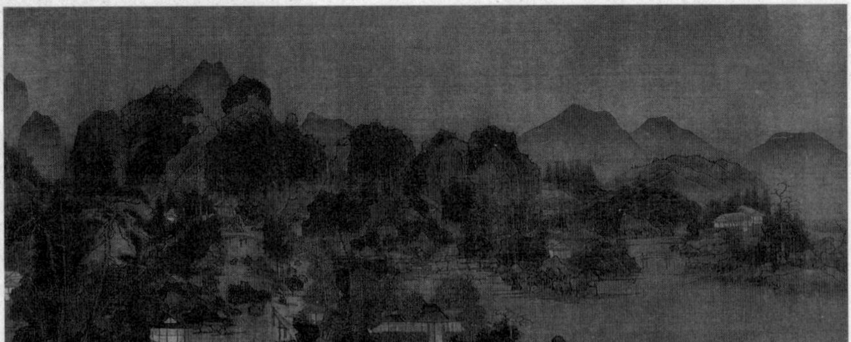

部人马助战，将长安围得如同铁桶一般。在这种情况下，黄巢根本无法顾及朱温。

朱温怀疑黄巢坐视不救，心中愤愤不平。这时，部将对他说："黄巢乘朝廷衰弱之机攻下长安做了皇帝，现在朝廷调集四方人马围困长安，他这皇帝也当不了几天了，将军要及早考虑自己的出路呀！"

偏巧此时王重荣也派人前来劝降，朱温为保性命，便斩了黄巢安排的监军，投降了唐廷。

朱温是黄巢义军中的骁将，一向勇猛善战，很为黄巢所倚重。因此，成都行宫里的唐僖宗听到他投降的消息后，笑逐颜开，连连高呼："这是上天送给我的！"他立即下诏，授朱温为左金吾卫大将军、河中行营招讨使，并赐名全忠。朱温为了讨好王重荣，自称母亲王氏与王重荣同宗，认王重荣为舅父。

朱温投降后，削弱了义军的力量，使

长安东面的屏障完全丧失，这对义军是一个沉重的打击。

由于朱温受到朝廷重用，动摇了义军的军心。在朱温的影响下，义军将领叛变的事时有发生。

朱温被唐帝重用，成为镇压义军的得力鹰犬。

唐僖宗中和三年（883年）四月初九，黄巢主动撤出长安，由蓝田退入河南。朱温率部与河中官军疯狂镇压义军，被朝廷升为宣武军节度使。

在宣武军任上，朱温派使者前往萧县去接老母。住在萧县刘崇家的王氏与朱昱以为朱三早已死于战场，当他们见了来到门前的车马仪仗时，吓得慌忙躲进邻家，根本不相信朱三做了节度使。

当晚，朱温置酒为母亲接风。母子俩异常高兴，说个不停。谈到家事时，朱温对母亲说："朱五经老头子辛辛苦苦读了一辈子书，结果穷得要命。现在，他的儿子当了节度使，可算得光宗耀祖了吧？”朱温对着母亲直呼父亲的讳名，母亲一愣。过了一会儿，母亲叹了口气说：“你今日当了节度使，固然是英雄了，但做事未必如你父亲啊。”朱温听了，没敢说什么。

黄巢到河南后，倾全力围攻陈州。朱温立刻联络周岌、时溥诸军，共请河东节度使李克用率兵前来，一同镇压义军。

接到朱温等人的请求后，李克用立即率军南下，与朱温等人合兵，向黄巢义军发起进攻。黄巢寡不敌众，引军北上，进逼汴州，但在中牟境内被李克用和朱温击败，只得退往山东，在狼虎谷遇害。义军将领唐宾、王虔裕率部投降朱温，朱温的势力进一步扩大了。

黄巢义军被镇压之后，一些新军阀出现了。军阀之间相互吞并，强者为王。他们公开攻城略地，肆无忌惮，给百姓带来了深重的灾难。

为了巩固和扩大自己的势力范围，朱

温开始吞并其他藩镇。首先，他把矛头指向蔡州节度使秦宗权。

秦宗权是许州牙将，被义军打败，曾投降黄巢。黄巢败亡后，秦宗权占据蔡州称帝。除汴州和陈州外，他占据了河南全境。

朱温联络天平节度使朱瑄、泰宁节度使朱瑾兄弟，与他们约为兄弟，还与陈州刺史赵犨结为姻亲。三方合力，于唐僖宗光启三年（887年）打败了秦宗权。

朱温消灭秦宗权之后，又对战略要地郓、兖两州虎视眈眈。他采纳敬翔的计策，派部将伪装叛逃，投奔朱氏兄弟。然后，朱温就以朱瑄招降汴州军士为借口，于唐昭宗乾宁四年（897年）兴师攻破郓州，将朱瑄夫妻斩于汴桥之下。朱瑾南逃，投靠了杨行密。这样，黄河中下游的绝大部分地盘都落到朱温手中了。

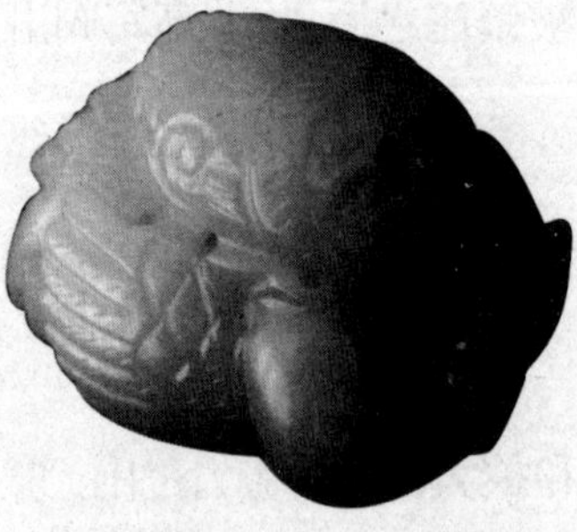

朱温拥有了河南地区后，与李克用展开了对河北的争夺。在河北地区的四股

势力中，依附汴州的魏博节度使罗弘信已经死了。他的儿子罗绍威继任节度使后，继续依附汴州。但幽州的刘仁恭、定州的王郜和镇州的王镕都不倒向汴州。

唐昭宗光化二年（899年），幽州刘仁恭南下进攻魏博。朱温利用这个机会进兵河北，增援罗绍威，大败刘仁恭。从此，魏州成为朱温的附庸。镇州王镕、定州王处直兵力不敌，也都依附了朱温。这时，朱温已控制长江、淮河以北和黄河中下游广大地区，成为最有势力的割据势力。于是，朱温想直接控制朝廷，模仿曹操"挟天子以令诸侯"。

这时，唐廷内部矛盾越来越尖锐。唐昭宗即位后，宦官韩全诲与凤翔节度使李茂贞勾结，将唐昭宗转移到凤翔，罢免了想要抑制宦官的宰相崔胤。

崔胤请朱温带兵入关，击破李茂贞。李茂贞只得杀掉韩全诲求和，送回唐昭宗。朱温拥重兵进入长安，杀死大小宦官五百余

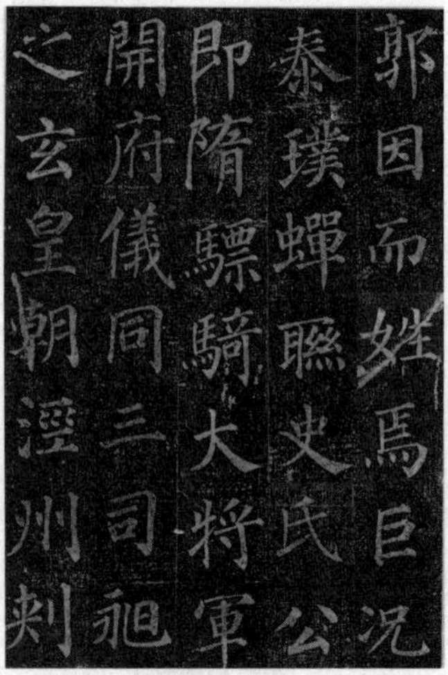

人，彻底清除了韩全诲的残余势力。

为了独揽大权，朱温又杀掉了请他入关的崔胤及其党羽。

唐昭宗天祐元年（904年），朱温指使牙将寇彦卿向唐昭宗上表，请求迁都洛阳。这时，唐昭宗已成傀儡，身不由己，只得准奏。

朱温命人拆毁宫殿和民舍，取出木材，沿黄河而下。居民被迫东迁，一路哭声不绝。他们痛骂道："国贼崔胤，勾结朱温，引狼入室，致使我们百姓流离失所。"

唐昭宗到了洛阳，虽知朱温是个奸诈之人，但孤掌难鸣，只得暂时依附他。

唐昭宗暗中派密使联络吴、蜀、河东等藩镇，让他们救驾。

朱温见唐昭宗英气勃勃，有帝王之姿，恐生他变，心中暗想："不如改立幼主，易于禅代。"于是，他派谋士李振带人去洛阳，收买宫廷卫士，夜里叫开宫门，杀死唐昭宗。然后，他扶立13岁的辉王李柷为帝，史称唐哀帝。

唐哀帝天祐四年（907年），朱温改名朱晃，导演了一场大臣劝进、唐朝皇帝自愿禅让的闹剧，当上了皇帝，建都汴梁，国号为梁，史称后梁。

朱温称帝后，全国还有许多割据势力存在，如河东的李克用、四川的王建等。

朱温一心想统一全国，开始穷兵黩武。经过将近一年的攻战，后梁军将潞州团团包围。朱温满以为可以稳操胜券了，不料李克用的儿了李存勖亲自率领大军将后梁军击败，并缴获了大批粮草器械。朱温叹道："生子当如李存勖。我的儿子比起他来，真如猪狗一般！"

朱温不甘罢休，亲自率军与李军会战，仍是大败，损失惨重，只得退回汴梁。

朱温靠武力夺得帝位，因此对手握兵权的功臣存有戒心。于是，他寻找各种理由削夺他们的兵权，甚至将他们杀戮。每天早晨，这些功臣先与家人诀别后再入

朝；侥幸从朝中回到家中后，还要庆贺一番。

朱温的长子朱友裕早已死去，另有二子朱友珪、三子朱友瑱、幼子朱友敬与养子朱友文。在这几个儿子中，朱温对养子友文更看重一些。

原来，朱温夫人张氏于天祐元年（904年）病死后，朱温荒淫成性。他对战争中掠来的美女无一放过，即使是自己手下大臣的妻女也要奸污，甚至连儿媳妇也得经常入宫侍寝。朱友文的妻子王氏容貌出众，很受朱温宠爱。为此，朱温也十分喜欢朱友文。

后梁太祖乾化二年（912年）五月末，朱温病重，自知将不久于人世，便命王氏去召朱友文。这时，朱友珪的夫人也在旁边，马上出宫将此事报告给丈夫。

朱友珪认为自己年龄最长，理应立为太子，对父皇看中朱友文一直愤愤不平。他听说父皇要召朱友文，立刻调牙兵五百人埋伏在禁中，夜半冲进朱温寝宫。朱温强撑着起身问道："是谁造反了？"朱友珪回答说："是自己人。"朱温大骂道："我早就怀疑你小子忤逆不孝，只恨未能及早杀了你。"朱友珪骂道："老贼万段！"说着，一刀将朱温刺死。

朱温称帝前后，革除了一些唐朝积弊，奖励农耕，减轻租赋，基本上统一黄河中下游地区。朱温虽然进行了一些改革，但他残暴成性，战争中滥行杀戮，与据有太原的李克用、李存勖父子连年作战，使黄河两岸遭到严重的破坏。又兼荒淫成性，被辱妇女的丈夫都想杀他，最后死在亲生儿子的手下。

后梁最盛时疆域约为今河南、山东两省，陕西、湖北的大部以及河北、安徽、江苏、山西、甘肃、宁夏、辽宁的一部分。

朱友珪杀父后，自立为帝。次年正月，改元凤历。二月，朱温第三子朱友瑱发动洛阳禁军兵变，逼朱友珪自杀。

乾化三年（913年），朱友瑱在开封称帝，史称后梁末帝。末帝猜忌方镇大臣，内部分裂，国力进一步削弱了。

后梁龙德三年（923年）十月，后唐庄宗李存勖攻入开封，末帝自杀，后梁灭亡了。

后梁历三主，共17年。

二、后唐

后唐的缔造者李存勖于唐僖宗光启元年（885年）生于晋阳，从10岁起就随父亲李克用南征北战，两军间的残酷厮杀对他来说从小就习以为常了。

唐昭宗干宁二年（895年），李克用大捷，派11岁的李存勖进京报捷。见李存勖两目有光，英气逼人，唐昭宗不禁叹道："这孩子不亚于他父亲。"

从此，李存勖有了"李亚子"的称号。

唐昭宗经常抚摸着他的后背叮嘱道:“你将来一定是国家栋梁,千万要忠于朕家啊!”

李克用是北方少数民族沙陀人,本姓朱邪,因勤王有功,被唐朝皇帝赐姓李。因他瞎了一只眼睛,外号叫“独眼龙”。他参与镇压黄巢起义后,唐僖宗任命他为河东节度使,后来又封他为晋王。他拥兵占据河东大片地区,成了实力雄厚的地方军阀。因此,他和大军阀朱温发生了利害冲突,朱温总想消灭他。

唐僖宗中和四年(884年)春天,李克用领兵帮助朱温打败了黄巢。回军路上,经过朱温的辖地大梁时,朱温把他和随从官员接进上源驿,设宴招待他们。朱温表面上对李克用客客气气,握手言欢,显得很亲密。背地里,朱温早已布置了除掉他的陷阱。

宴会结束后,李克用大醉,留在驿馆里安歇,朱温派部将在驿馆周围埋下了伏兵。深夜，李克用正在呼呼大睡时，伏兵一跃而起，攻进驿馆。李克用惊醒，来不及抵抗，被随从用席子裹起来藏在床底下，才未被发现。

这时，碰巧电闪雷鸣，下起雨来。李克用和随从乘机溜出驿馆，用绳子从城墙上缒下城去，侥幸逃走了。

从此，李克用恨死了朱温，长期和朱温交战。后来，朱温篡唐称帝，许多藩镇都表示服从，李克用坚决不承认，仍然发兵攻打朱温。

李克用临死时，拿了三支箭对他的儿子李存勖说：“这三支箭，一支用以讨伐幽州的刘仁恭，一支用以击败北方的契丹，还有一支一定要消灭朱温！”李存勖哭着接过三支箭，发誓道：“儿一定实现父亲的遗愿。”

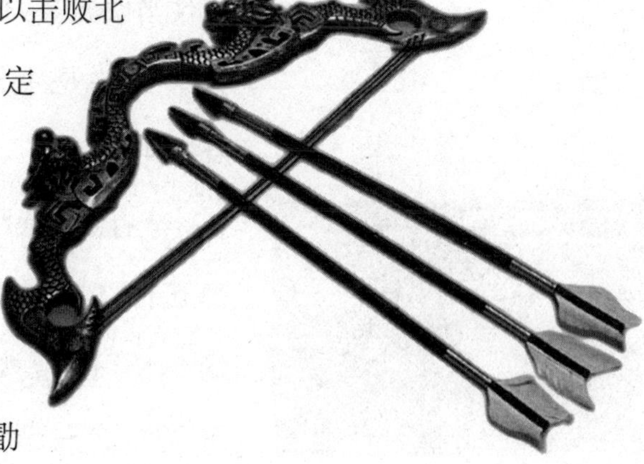

李克用死后，李存勖

继任晋王。为了给父亲报仇，为了争夺天下，他把军队训练得十分精锐。他治军很严，给军队定了三条军法：第一，出兵作战时，骑兵不见敌人不许骑马。步兵和骑兵要按照各自的位置进行攻战，碰到危险也不许越位躲避；第二，各部队分路并进时，必须在规定的时间到达指定的地方会合，不许误时；第三，行军途中，如果有敢于称病的人，立即斩首。对这样严厉的军法，将士们都很害怕，不敢稍有违犯，因此打起仗来人人争先，拼死向前，无不以一当十。

李存勖勇力过人，武艺精湛，一向把打仗当做游戏。作战时，他不顾自己的统帅身份，总是冲到最前面，冒险跟敌人单身搏斗。

李存勖出兵跟后梁军打了几次大仗，把五十万梁军打得大败而逃。朱温又羞又恼，一病不起。接着，李存勖发兵攻破幽州，活捉刘仁恭、刘守光父子，把他们押回晋阳斩首。李存勖又大破南侵的契丹军队，把他们赶回北方去了。

李存勖跟朱温的儿子后梁末帝打了十来年仗。一次，他亲自率军渡过冰封的黄河，只带十几个骑兵去敌营前挑战。部下劝阻他，他斥责道：“深居帷房，不身经百战，能平定天下吗？”结果，他中了埋伏，陷入十分危险的境地，被敌兵包围数十层，随从一个个倒下了。最后，部将拼死把他救了出来，他仍毫不在乎，只是说：“险些给别人笑话。”后来他依然如故。

后梁末帝龙德三年（923年），李存勖灭了后梁，统一了北方，即位称帝，史称后唐庄宗。建国号为唐，定都洛阳，史称后唐。

李存勖为父亲报了仇，当了皇帝，便认为大功告成，从此只顾享乐去了。他在宫里养了很多伶人，专门演戏给他取乐。有时，他也穿上戏装，和伶人一起登台表演。他还给自己取了个艺名，叫“李天下”。

庄宗宠爱伶人，一些伶人开始胆大妄为了。他们随便出入宫廷，任意侮弄朝臣。最受庄宗宠信的伶官景进为了讨好他，专门探听宫外的消息，回来说给他听。谁要是得罪了景进，他就无中生有，添油加醋地在庄宗面前说谁的坏话，叫谁倒霉。人们见了景进，没有不害怕的，一些朝臣和藩镇争着贿赂景进。只要他在庄宗面前替谁说句好话，谁就会官运亨通，步步高升。后唐降将段凝想方设法贿赂景进，竟当上了节度使。庄宗甚至不顾大臣的反对，任命伶人去当刺史。而那些真正有功的武将和有才能的文官，反倒得不到提拔和重用。

庄宗生活糜烂，景进等伶人为他四处寻找美女。他们在太原、幽州等地掠来三千名美女，送进后宫，供庄宗享乐。其中好多是后唐将吏的妻女。

唐朝末年已经把宦官铲除了，后梁太祖朱温也没有使用宦官。到了后唐庄宗时，他下令召集逃散在各地的唐朝宦官，进宫听他使唤，加上原来的，竟有一千来人。

庄宗信任宦官，把宦官当作心腹。他听从宦官出的坏点子，把天下的财富分为“内府”和“外府”。外府作国家的费用，内府供他私人开支和赏赐之用。结果，外府常常空虚，不够支出；内府的财物却堆积如山。

庄宗是个吝啬鬼，财物再多，也舍不得拿出来犒劳军士，曾经为他卖命打天下的军士们经常吃不饱穿不暖。

庄宗猜忌功臣，对有功的人不但不信任，不重用，还加以杀害。因此，他当皇帝只有四年，终于爆发了兵变，闹得众叛亲离。

庄宗生前宠爱刘夫人。刘夫人幼年时被晋王大将袁建丰掠入宫中，因体轻貌美，被庄宗看中。后来，刘夫人的生身之父来认亲，刘夫人见他破衣烂衫，怕人笑话她出身低贱，竟命人将父亲乱棍打出。

庄宗死后，刘夫人携带宫中的金银

珠宝逃往太原，削发为尼，隐藏起来。因她在宫中时不同情穷苦的将士，还滥杀功臣，民愤极大。她在太原出家不久，李嗣源就派人将她杀死了。

李嗣源是沙陀人，善于骑射，为人沉默寡言，被李克用收为养子，赐名嗣源。在李克用与后梁朱温的战争中，李嗣源英勇冲杀，屡立战功，被誉为“李横冲”。

后唐庄宗同光四年（926年），庄宗听信刘夫人的谗言，屈杀大臣郭崇韬，弄得人人自危。李嗣源因战功最大，受到庄宗的猜忌，也几次险些被杀。

这年四月，庄宗被郭崇韬义侄所杀，李嗣源在百官的请求下监国。

李嗣源监国后，任命自己的中门使安重诲为枢密使，掌管军机要务；令各地访寻逃散的诸王，一有消息，即令安重诲派人就地杀掉；派女婿石敬瑭为陕州留后，防备庄宗之子魏王李继岌的伐蜀军东进洛阳，并派养子李从珂为河中留后，防备李继岌北归晋阳。接着，他派人要蜀地行政长官孟知祥封锁汉中，不让李继岌入川，形成了对李继岌的包围。这时，身为伐蜀大军统帅的庄宗之子李继岌已经灭蜀，正在归途中。几天后，李继岌被随从缢杀，征蜀大军由任环率领归附李嗣源。

李继岌死后的第四天，消息传到洛阳，六十多岁的李嗣源身着孝服，在庄宗柩前即位，成为后唐第二代皇帝，史称后唐明宗。

明宗自幼从军，目不识丁，各地的上书都让安重诲读给他听。安重诲识字不多，许多奏章无法读通，只得向明宗提出，明宗便任命冯道与崔协为宰相。

宰臣选好后，明宗开始着眼于治理国家。在庄宗统治的几年中，最突出的问题是财力不足，官吏欠俸，士兵缺饷。庄宗在位时，租庸使孔谦只知横征暴敛，不注意发展生产和与民休息，弄得民不聊生，经济凋敝。明宗称帝后，前朝的财政

危机继续加重，百官俸禄不仅要折合成实物下发，而且每日只能折合成五十钱的实物，应当正月发放的俸禄往往要拖到五月才能兑现。不解决这一问题，李嗣源的江山是坐不稳的。因此，在安重诲等人的协助下，明宗采取了一系列措施增加收入，稳定政治局面。

明宗即位不久，即杀了租庸使孔谦，孔谦所设立的苛敛条目也全部废除。后来，明宗让任环以宰相资格专判盐铁、度支、户部三司，主管财政。

任环接任后，先请明宗罢除了夏、秋两税的省耗。后唐农民一年分夏、秋两次纳税，过去规定每纳税一斗，要额外上交一升的省耗，实际上是额外加征。

任环还请明宗规定地方官不许额外征敛，刺史以下的官员不许向皇帝进贡，借此减轻百姓的负担。

明宗即位后，于当年秋天把宫中鹰坊的鸟兽全部放掉，并严禁各地再进贡这

类东西。冯道向明宗称颂道:“陛下可谓恩及鸟兽了。”明宗说:“不,我对鸟兽并无恻隐之心。过去,随先帝打猎时,常有鸟兽进入成熟的秋田中。为了追猎鸟兽,往往把庄稼践踏得一片狼藉。现在已近秋收,所以不许各地进贡鸟兽。”

对于豪强官僚兼并土地、侵凌百姓的行为,明宗也严加制止。

明宗监国时,庄宗后宫里的宫女有一千多人。明宗即位后,宣徽使从中选出年少貌美者数百人送到明宗居住的兴圣宫。明宗问道:“要这些人做什么?”宣徽使回答说:“担任女官,负责宫中的各项事务。”明宗说:“女官要了解过去的习惯与规矩,这些人怎能胜任?”说完,命宣徽使将这批少女送回家中,只选用了一些年老的旧宫人。明宗称帝后,规定后宫只留宫女百人,宦官三十人,其余的全部放出。

对朝中官吏,明宗规定凡是有名无实、人浮于事的冗员一概废除。

当时，洛阳一带集结着大批军队，军粮运输十分困难。明宗命令诸军分别移驻附近有粮的州县，免除了军粮运输的负担。

经过明宗的努力，后唐的社会生产大大地发展了，财政状况也明显地好转。府库充实，粮食有余，有的州郡十文钱就可以买到一斗粮。

明宗在位八年，后唐百姓获得了休养生息的机会。

后唐长兴四年（933年）十一月，明宗病逝。其子李从厚继位，史称闵帝。

后唐应顺元年　（934年）四月，河东节度使李从珂起兵杀掉李从厚，自立为帝，史称末帝。

937年1月11日，李嗣源的女婿石敬瑭勾结契丹攻入洛阳，李从珂自杀，后唐灭亡了。

后唐历四帝，共14年。

三、后晋

后晋缔造者石敬瑭生于唐昭宗景福元年（892年），沙陀人。石敬瑭的父亲原名臬捩鸡，是沙陀部落一员善于骑射的武将，曾为后唐立过不少战功。石敬瑭是他的第二个儿子。

臬捩鸡虽然目不识丁，但因久居内地，受到中原汉文化的熏陶，便仿效汉族习俗，给孩子取名石敬瑭。

唐末天下大乱，战争频繁，唐王朝名

存实亡，藩镇割据十分剧烈，兵连祸结，岁无宁日。石敬瑭自幼好武，并常以将门之子自命，极崇拜战国名将李牧和西汉名将周亚夫。他苦读兵书，用心习武，决心走父亲的道路。

石敬瑭高大魁梧，仪表堂堂，性格深沉，沉默寡言，举止与众不同。李克用的义子李嗣源非常器重他，便招他做了女婿。

后梁末帝贞明二年（916年）二月，在甘陵之战中，后梁大将刘鄩猛攻清平，李存勖驰兵救援，还没来得及列阵，就被刘鄩包围了。石敬瑭率领十多名骑兵挺槊跃马突入敌阵，冒死将李存勖救出重围。李存勖被救后，高兴地拍着他的肩膀说：

“将门出虎子，这话一点不假呀！”当场赐给石敬瑭许多财宝，还亲自喂他酥饼，感谢救命之恩。喂酥饼在当时胡人中是最重的奖赏，从此石敬瑭名声大噪。由于久历战阵，石敬瑭积累了丰富的战争经验。

后来，石敬瑭又多次救过李嗣源。

后梁末帝龙德三年（923年），李存勖建立了后唐，史称后唐庄宗。石敬瑭随李存勖出生入死，立下了汗马功劳，还救过他的命，却没有被封官，仍然在李嗣源麾下当一名心腹小将。

石敬瑭心中愤愤不平，却丝毫未流露出不满情绪。他发现战功卓著的老丈人——李嗣源竟受到猜忌，心中不禁燃起了

怒火。于是，他默默等待着时局的变化。

李存勖有勇无谋，平生最喜欢干的事就是打仗、打猎、唱曲、演戏。他极其暴虐，不得人心，连士兵们都怨恨他。不久，终于发生了兵变。

李存勖众叛亲离，不久被杀。李嗣源在众人拥戴下继了帝位，史称后唐明帝。

老丈人当了皇帝，石敬瑭既是驸马，又是功臣，立刻飞黄腾达，平步青云了。在短短的几年里，石敬瑭官至宣武军节度使、侍卫亲军马步军都指挥使兼六军诸卫副使。

后唐明宗长兴二年（931年），契丹入侵中原，北方边镇频繁告急，朝中却无人愿意前往迎敌。石敬瑭向明宗请战说："小婿愿意北征。"明宗一听，非常感动，又一次给他加官晋爵，封他为太原尹、北京留守、河东节度使等官。这样，石敬瑭便掌握了后唐的军事大权。

长兴四年（933年），后唐明宗病逝。

其子李从厚继位，史称后唐闵帝。闵帝优柔寡断，大权旁落。他即位才三个月，明宗养子潞王李从珂就在凤翔发动兵变，前来夺位。

不久，李从珂当上皇帝，史称末帝。石敬瑭因举办明宗丧事，不得已入朝晋见。

石敬瑭和李从珂早年都以勇敢善斗不相上下，成为明宗的左右亲信。然而，两人互相嫉妒，互不服气，内心存在着很深的隔阂。

办完丧事后，石敬瑭便被末帝软禁了。石敬瑭的妻子永宁公主和岳母曹太后多次向末帝求情，但朝中一些老臣都劝末帝将石敬瑭留在朝中，不要放他走。

后来，末帝见石敬瑭久病之后，骨瘦如柴，认为他不会惹事，便说："石郎和我是至亲，而且从小和我同甘共苦。如今我当了皇帝，不依靠石郎依靠谁？"说完，就把石敬瑭放了。

石敬塘回到河东后，一面装病，一面

积极策划起兵。此后一两年内，双方结怨更深。末帝深悔不该放虎归山。

石敬瑭贿赂曹太后左右的侍女，叫她们暗中留意末帝的动静。末帝的一言一行，石敬瑭全都知道。

末帝清泰三年（936年）正月，朝中文武大臣及各地的节度使都带着礼物进宫为末帝祝贺，只有石敬瑭一人未到，末帝心中十分不安。

正月二十三日是末帝的生日，永宁公主在宴席上为末帝敬酒祝寿后，告辞要回晋阳。末帝有些醉意，随口说道："为什么不多住几天？你这样急着走，是要与你那石郎造反吗？"

公主回到晋阳，将末帝的话告诉石敬瑭，石敬瑭立即紧张起来，马上召集亲信商量对策。他先投石问路，上书末帝说："陛下，我年纪已大，又有重病在身，不堪担当河东节度使的重任，请陛下给我换个地方吧。"薛文遇对末帝说："这是石敬瑭在试探朝廷。调换，他要反；不调换，他也要反。不如先下手为强。”

此前，末帝早就命武宁节度使张敬达为北面行营副总管，屯兵代州，以分石敬瑭之权；又命羽林将军杨彦洵为北京副留守，监视石敬瑭。这时，末帝见石敬瑭上书，就顺水推舟，命石敬瑭移镇郓州，还令张敬达催他动身。

石敬瑭接到圣旨后，摆在他面前的只有两条路：一是遵旨而行，二是马上起兵，已经没有犹豫的余地了。石敬瑭立即召集诸将商议，大将刘知远、掌书记桑维翰主张立即起兵。桑维翰说：“前次皇上放将军回来是他的失策，也是上天对将军的选择。皇上不是先帝的亲生儿子，不配当皇帝。将军是先帝的爱婿，皇上对将军却不信任，看来是要向将军下手了。为今之计，应该从速起兵，不能再犹豫了。我们兵力不足，可以向契丹求援。”这话正合石敬瑭之意，于是决定以武力推翻朝廷，并上书问罪。

末帝见书大怒，立即派大将张敬达带兵数万向河东扑来，包围了晋阳。石敬瑭率兵迎战，同时派桑维翰向契丹求援。桑维翰替石敬瑭起草了一道降表，向契丹太宗耶律德光称臣称子，还许诺打败后唐后，割让卢龙和雁门关以北的燕云十六州作为答谢之礼。

降表写好后，刘知远说："这样不妥啊！称臣已经够了，认耶律德光为父，未免太过分了。只要送给他们金银绸缎，他们就会出动大军，不必割让土地的。这会留下后患，将来后悔就来不及了。"石敬瑭对于人头落地的情景见得多了，为了保命，为了确保契丹出兵，他不肯听刘知远的，立即派密使将降表从小路送往契丹国。

燕云十六州属今河北和山西，即幽（北京）、蓟（蓟县）、瀛（河间）、莫（任丘）、涿（涿州）、檀（密云）、顺（顺义）、

新（涿鹿）、妫（怀来）、儒（延庆）、武（宣化）、蔚（蔚县）、云（大同）、应（应县）、寰（朔县）、朔（朔县）等州。

耶律德光见信后，非常高兴，对母亲述律太后说："我最近做梦，梦见石敬瑭派来使节，今天果然应验了。看来，这是天意啊。"于是，他回信说："等秋高马肥时，当出动全国军队南下。"

九月，天高云淡，耶律德光亲自率领五万骑兵，号称三十万，自扬武谷南下，旌旗蔽日，绵延五十余里。

耶律德光抵达晋阳后，在汾水北岸虎北口列阵，通知石敬瑭说："我打算今天击退敌军，不知可否。"石敬瑭派使者飞报说："围城军队实力雄厚，不可轻敌！等明日商量好攻战方略，再进攻也不晚。"

使者还未到契丹大营，契丹军已经向后唐军发起了进攻，石敬瑭忙派出军队前去夹击后唐军。后唐军大败，只得固守晋

安寨。

这天晚上，石敬瑭出北门拜见耶律德光。耶律德光握着石敬瑭的手说："真是相见恨晚。" 石敬瑭问道："皇上北来，兵马疲倦，马上和唐军交锋，为何能够取胜呢？"

耶律德光回答说："我出发时，深恐唐军在雁门关诸路设伏。不料，他们竟然没有设伏。因此，我才能长驱直入，知道大事必成了。两军相遇时，我军士气正锐，唐军士气正低，所以能够一战而胜。这是不能用劳逸的常理来推断的。"石敬瑭听了，极为折服。

后唐末帝清泰三年（936年）十一月的一天，耶律德光对石敬瑭说："我三千里赴难，志在必成。我看你相貌气度，真是中原之主啊！我想立你为天子。"

石敬瑭三番五次推辞，但将吏们都劝他答应下来，他只得同意了。于是，耶律德光写好册立文书，封石敬瑭为大晋皇

帝。耶律德光脱下自己的衣冠给他，让他在柳林筑坛登基。石敬瑭称耶律德光为父亲，做了儿皇帝。其实，耶律德光比石敬瑭小十一岁哩。

接着，双方商定乘胜继续南下，进逼后唐京城。

张敬达败退的消息传到京城，末帝立即召集群臣商议对策，调各处将领驰援。他在大臣的劝说下御驾亲征，但刚过黄河就停了下来。在几路救援大军中，末帝寄希望最大的是赵德钧、赵延寿父子。他们拥兵数万，从幽州南下，本可以对契丹构成威胁。然而赵德钧是一个野心家和奴才，一心想做皇帝。一路上，他慢慢腾腾，到处兼并异己，扩充实力。他走到离晋安寨不远的团柏谷时竟停了下来，置晋安寨于不顾，向末帝讨价还价，请末帝封他的儿子赵延寿为成德军节度使。赵德钧的要求没有得到批准，反而被训斥了 顿。赵德钧顿生恶念，竟派人携带金

帛玉器致书耶律德光说："陛下如果能够抛弃石敬瑭，立我为中原之主，我可以用手中的兵马南平洛阳，和契丹结为兄弟之国。石敬瑭也可以长镇河东。"

耶律德光看了这些条件，有点动心了。他想：我深入敌境，晋安寨一时难以攻下，赵德钧兵力尚强，唐将范延光在东，山北诸州又可能断我归路。

想到这里，耶律德光决定答应赵德钧的要求。

石敬瑭闻讯，心急如焚，立即派桑维翰跪在耶律德光大营中哀求。

桑维翰费了九牛二虎之力，一把鼻涕一把眼泪，凭着三寸不烂之舌，说了一整天，最后才使耶律德光答应继续帮石敬瑭。耶律德光指着帐外的大石头对赵德钧的使者说："我已答应石郎了。这块石头烂了，我的心才能改变。"

桑维翰回去报信，石敬瑭才放下心来。

一切料理完毕，石敬瑭会同契丹兵攻打晋安寨。后唐将领高行周、符延卿几次率骑兵出战，因寡不敌众，只得退回寨中。

晋安寨被围数月，粮草俱尽，只得掏粪喂马。战马相食，鬣毛和马尾都咬光了。马死后，将士们便分吃马肉。援兵竟然久而不至。

张敬达为人刚直，人送外号“张生铁”。部将杨光远和安审琦劝他说：“事已至此，不如投降契丹吧。”张敬达说：“我受明宗和当今皇上厚恩，身为元帅而不能破敌，罪过已经不小了，又怎能投降呢？援兵旦夕将至，还是等一等吧。万一势穷力尽，你们砍下我的头去投降也不晚。”杨光远向安审琦递眼色，要他下手杀死张敬达，安审琦心中不忍。

高行周知道杨光远要杀张敬达，总是率领几个骑兵跟着张敬达。张敬达觉得奇怪，对别人说：“高行周总跟着我，

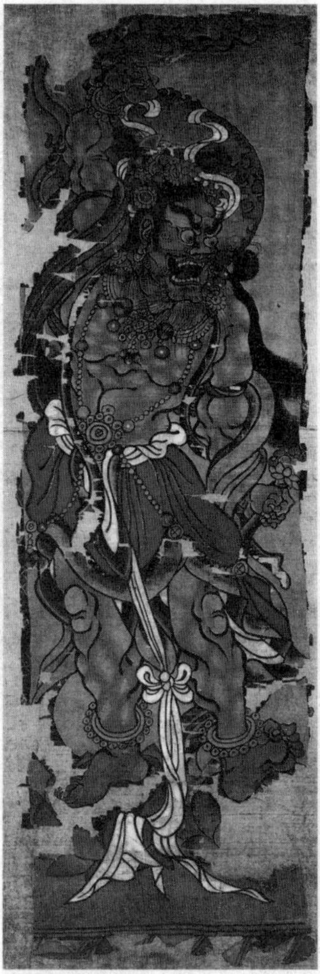

是什么意思啊？”高行周听了，便不敢尾随了。

一天早晨，诸将晋见元帅时，高行周和符延卿未到，杨光远趁机砍下张敬达的头，投降契丹，晋安寨落入石敬瑭手中。

经过短时间的休整，石敬瑭和耶律德光率领军队继续南下，进攻赵德钧。赵德钧不战而败，被石敬瑭俘获。

石敬瑭打败赵德钧后，耶律德光不再前进，让石敬瑭率部直趋洛阳。耶律德光对石敬瑭说：“我从远方来，为正义而战。如今大事已成，我如果再向南进军，河南百姓一定恐慌。我派太相温率五千人护送你到黄河，我暂时留在这里等你的消息。如果你情况紧急，我就下山救你；如果顺利进入洛阳，我就北上回国了。”说罢，握着石敬瑭的手，相对流泪，难舍难分。接着，他脱下身上的貂皮大衣，披在石敬瑭的身上，又赠送骏马二十匹，战马一千二百匹，并说："我们世世代代，子子孙孙，永不相忘。"最后嘱咐说："刘知远、赵莹、桑维翰都是你的创业功臣，如果没有大错，不要抛弃他们。"

石敬瑭率军前进，一路上后唐将士纷纷投降。末帝见大势已去，便率领曹太后、刘皇后、皇子李重美等人，携带传国玺，登上玄武楼，要放火自焚。刘皇后想堆积木柴，烧掉皇宫。李重美说："万万不可！新皇帝来到洛阳，不能露天而居，定要百姓重建皇宫。我们死就死了，何必再苦百姓，留下怨恨呢？"刘皇后听了，便没有烧皇宫。

因石敬瑭的妻子是曹太后的亲生女儿，王淑妃劝曹太后说："你还是躲起来等候石郎吧。"曹太后说："我的儿孙和媳妇都到了今天这个地步，我怎能一个人独自活下去呢？你要好好保重！"王淑妃带着明帝幼子李从益逃到球场躲起来，保住了性命。

当天晚上，石敬瑭开进洛阳，后唐灭亡了。

石敬瑭当上皇帝后，日子并不好过。他在位七年，各地藩镇仍各自为政，根本瞧不起他。许多藩镇只是表面上服从他，暗地对他并不恭顺，有的甚至投奔南方去了。一些将领、官吏忍受不了称臣契丹的耻辱，有的起兵，有的南归了。

内外交困的石敬瑭终于忧郁成疾，一病不起。天福七年（942年）六月，石敬瑭病死了。石敬瑭病危时，一天宰相冯道单独进见。石敬瑭让小儿子石重睿出来给冯道叩头，又命宦官抱起石重睿放在冯道的怀里，意思是让冯道保护石重睿登基，并在旁辅佐他。

石敬瑭死后，冯道和侍卫马步都虞候景延广商议，认为国家多难，应由长君主持朝政，于是立年长的石重贵为帝。

接着，朝廷上讨论如何向契丹告哀。景延广说："不必用奏章，只写封信就行了。而且只称‘孙’，不要称‘臣’。”大臣李崧反对说：“这恐怕不妥！为了国家委屈自己，并不羞耻。陛下如果不肯委屈，势必同契丹开战，到那时后悔就来不及了。”但景延广坚持己见，冯道模棱两可，石重贵接受了景延广的意见。

果然，耶律德光见信大怒，派使节质问说：“为什么不先来报准，就私自即位？”

景延广执笔回信，措辞十分强硬。

卢龙节度使赵延寿想取代石重贵，由自己当皇帝，因而多次游说契丹，鼓动契丹伐晋，耶律德光同意了。

乔荣是辽国的贸易官，经常往来于两国之间。自从两国关系恶化后，升任宰相的景延广劝石重贵逮捕乔荣，将他投入监狱，并将契丹贸易仓库里的货物全部没收。接着，又将境内的辽国商人全部捕杀，财货充公。一些大臣说：“契丹对我们大晋恩重如山，我们不可辜负人家。”石

重贵只听景延广的，因他有拥戴之功。

这年九月，后晋释放乔荣。乔荣辞行时，景延广态度傲慢地说：“回去告诉你主子，先帝是契丹拥立的，所以向契丹上表称臣。当今皇上是我们自己立的，向你们称‘孙’是不忘先帝的意思。这已经够了，怎能称‘臣’呢？如果你们相信赵延寿之言，轻率南下，孙儿有十万横磨剑，在此恭候大驾。到时候爷爷被孙儿打败了，让天下人耻笑，可别后悔！”

乔荣回到契丹后，将这些话一五一十对耶律德光讲了。耶律德光一听，气得浑身乱战，决定进攻后晋。他将后晋派到契丹的使者全部逮捕，不准他们晋见。

这时，后晋宰相桑维翰警告景延广说：“为今之计，应该卑词厚礼向契丹道歉，请求原谅，否则后果不堪设想。”景延广不听。

景延广是个武夫出身的粗人，功夫过人，瞧不起北方的少数民族，根本不听劝告。石重贵对他的信任超过其他宰相，他掌握禁军，无人敢跟他争辩。

不久，契丹大军南下，石重贵这才有些害怕了。他派使者求和，想恢复友好关系。耶律德光说："创伤已深，无法愈合了。"

不久，契丹攻入开封。

天福十二年（947年）正月初一，后晋大臣穿着素衣，戴着纱帽，到开封城北迎接耶律德光。他们一个个跪在地上，以额触地，不敢仰视。耶律德光头戴貂皮帽，身穿貂皮袍，内服轻甲，在一个高冈上勒缰停马，命降臣起身，改穿常服，然后慰问一番。

石重贵率皇族到封丘门外去迎接耶律德光，耶律德光推辞不见，从封丘门进城。百姓见了惊叫逃走，耶律德光登上城楼对百姓说："我也同样是人，你们不要怕！不久我就会叫你们过上太平日子。我根本无心南来，是你们汉人引我到这里的。”

契丹兵押解景延广北上。正月初四，路过陈桥。晚上，景延广趁卫兵不注意时，用双手扼住咽喉，气绝而死。

耶律德光封石重贵为负义侯，要送他到黄龙府去安置。耶律德光派使者对石重贵的母亲李太后说：“听说石重贵不听你的话，才到今天这个地步。你可随意去留，不必和他同行。”李太后说：“他侍奉我十分孝顺。他错在违背父亲遗志，断绝了两国的友好关系。而今幸蒙天恩饶他不死，我做母亲的不依靠儿子依靠谁呢？”于是，她也随石重贵北上了。

正月初九，耶律德光穿戴汉人衣帽，文武百官照常办公。

正月二十九日这天，耶律德光对原后晋的文武百官说：“我们契丹疆域广大，有好几万里，仅大酋长就有二十七人。中原风俗跟我们完全不同，我想选择一人做你们的君主，你们可有什么意见？”百官齐声说："天无二日，民无二君，无论汉人还是外族人，都拥护陛下当皇帝。"

二月一日，耶律德光头戴通天冠，身穿赤纱袍，登上金銮殿，做了汉人皇帝，改国号为辽，尊耶律阿保机为辽太祖。

述律太后派使者携带国内出产的美酒、肉干、水果、蔬菜到开封，送给二儿子，祝贺他平灭后晋的丰功伟绩。耶律德光在永福宫大宴群臣，每次举杯时，他都站起来喝，并说："太后所赐，不敢坐着喝。"

耶律德光虽然在开封做了皇帝，但并没有站住脚。由于辽兵在中原四处抢掠，给百姓造成了巨大的灾难，各地百姓纷纷起来反抗，狠狠地打击了辽军。耶律德光对大臣们说："我不知道中原人这样难以统治！"

三月八日，耶律德光借口说："天气渐渐热起来，这里难以住下去了，我打算暂时回北方去探望太后。我会留一个最

亲信的人在这里当节度使的。”大臣们说：“何不把太后接到这里来？”耶律德光说：“太后的家族庞大，像千年老树一样，盘根错节，不能移动。”

三月十七日，耶律德光动身北上，带走了后晋官员几千人，禁卫军几千人，宫女太监几百人。国库和宫中的所有金银珠宝也全都装车拉走了。路上，耶律德光说：“我在北国时，常常射箭打猎，真是一件乐事。到中原后，整天闷得很。现在回去了，就是死了也没有遗憾了。”

但他还未走到家乡，就病死在路上了。他发起高烧来，将冰放在胸口、腹部和四肢，仍是受不了。接着，他又将冰含在嘴里，仍是热得不行。最后，他病重不治。

耶律德光虽然失败了，但他的继任者不忘中原财富，向往中原的先进，屡次南侵，成为北方的严重边患。

后晋历二帝，共十一年。

四、后汉

后汉缔造者刘知远是沙陀人，原是石敬瑭的大将。对于石敬瑭认贼作父，出卖民族利益，割让领土，甘心做儿皇帝，刘知远是不同意的。

石敬瑭做皇帝后，刘知远做了晋阳留守。石晋瑭临死前，要召刘知远到朝中任职。石重贵即位后，对刘知远一直不信任，不肯召他进京。刘知远知道后，便暗暗招兵买马，收罗各方面的力量壮大自己，以求自保。

石重贵即位后，任用景延广为宰相。景延广主张抗辽，不久晋辽战争便爆发了。

开始时，后晋军民同仇敌忾，奋力作战，打退了辽军。石重贵和文武大臣被胜利冲昏了头脑，竟误以为这是他们的功劳，不但不感激军民，反而更加残暴地压榨百姓。百姓饥寒交迫，对后晋王朝彻底绝望了。

不久，辽主耶律德光率辽兵卷土重来。石重贵任命姑父杜重威为全军统帅，率军抗辽。杜重威是个贪婪无耻的人，他也想像石敬瑭那样借辽国的力量做皇帝。因此，他一到前线就出卖了民族利益，解除武装，投降了辽国。辽军如入无人之境，直捣开封。石重贵出降，后晋灭亡了。

耶律德光在开封穿上了汉族皇帝的龙袍，做了皇帝，杜重威的皇帝梦破灭了。

这时，刘知远听说皇帝蒙难，便在晋阳集合各路兵马，宣布了东征日期。将士们齐声说："辽兵攻陷京城，俘虏皇上。国不可一日无君，而今日可以为君的，舍大王其谁？请大王登基称帝，然后名正言顺地东征。"

刘知远说："契丹的势力仍然很大，我们的军威还不足以先声夺人。因此，我们必须先建功立业。你们当兵的懂得什么！"

过了两天，行军司马张彦威一连三次上书，请刘知远称帝，刘知远犹豫不决。大将郭威劝道："如今不论远近，军心民意都盼望大王称帝，这正是天意啊。如果不趁此机会早登大位，人心一变，反而会引来杀身之祸的。"刘知远听了这话，才点头同意。

天福十二年（947年）二月十五日，刘知远在晋阳称帝。第二天，他降诏说："各地

立即停止为辽国搜刮金钱绸缎。汉人被胁迫担任节度使的，要到皇帝所在地报到；辽国人担任节度使的，就地诛杀。”

刘知远称帝后，仍然用后晋的年号，并声称要打败辽兵，接石重贵回来。这样，他很快便赢得了后晋旧臣的好感，受到了地方豪强的支持。

与此同时，刘知远还下令奖励抗辽的人，禁止用搜刮百姓的办法来筹集军款。这样，他大得民心，受到了百姓的支持。

接着，他派出使者携带诏书，让躲避战争、逃到高山深谷里的农民回乡种田。

这年三月十七日，耶律德光因受到中原百姓的反对，在开封站不住脚了。于是，他动身北上，留下表哥萧翰坐镇开封。四月二十一日，耶律德光病死在北归的路上。

五月七日，刘知远召集文武大臣讨论进军开封的策略，许多将领建议说：“可以从井陉东进，先扫平河北平原，则黄河以南自然臣服了。”

刘知远说：“不如从石会关经上党直接南下。”

郭威说：“耶律德光虽然死了，但辽军的战斗力还很强，他的部下仍然占据着坚固的城池。如果我们东进，道路遥远，途中没有支援，会陷于进退两难的境地。前进则辽军挡住去路，后退则辽军切断归途，那是极其危险的。因此，去河北是不行的。至于上党一带，山路崎岖难行，地僻民贫，无法筹集军粮。因此，南下也是不可考虑的。而西路的陕州、晋州新近归降，如果从西路进军，经那里南下，则是绝对安全，万无一失的。用不了二十天，就可以拿下洛阳和开封了。”

刘知远听了，连声叫好。

五月十二日，刘知远率领大军从晋阳出发了。第二天，就接到大将史弘肇的捷报——泽州攻下来了。

泽州攻下后，黄河以南的辽军纷纷北

逃。刘知远兵不血刃，从晋阳一直进入开封，这都是史弘肇的功劳。

史弘肇为人沉默寡言，刚强冷静。他治军极严，官兵稍一违纪他就用铁锤打死，行军途中凡是践踏农田和把马拴在树上的立即斩首。他的官兵整日战战兢兢，没人敢于违令，因此能够百战百胜。

萧翰听说刘知远大军快到了，便想逃回北方。但他又怕中原无主，顿时大乱，使他无法脱身。于是，他从洛阳接来后唐明宗李嗣源的幼子李从益，假传诏书说："命李从益主持南朝军国事务，调萧翰前往恒州。"就这样立李从益为皇帝，自己则仓皇北逃了。

当文武百官晋见李从益的母亲王淑妃时，王淑妃哭道："我们母子被推上高位，这是存心害我们！"

六月三日，刘知远到达洛阳，派人到京城开封清宫，将李从益母子诛杀。王淑妃临死时哭道："我儿被辽国所逼，有什么罪？为什么不留他一条命，每年寒食时盛一碗麦饭祭祀他爹？”听到这话的人无不落泪。

六月十一日，刘知远进入开封，后晋各地节度使相继前来投降。

刘知远下令大赦天下，让文官武将仍任原职，不作变动。只改国号为“汉”，史称他为后汉高祖。

刘知远见北方大乱，土匪遍地，觉得治乱世当用重典，便下令道：“只要是抢劫偷盗，不论多少，一律处以死刑。”

大臣苏逢吉起草诏书说：“所有盗贼本人，以及他前后左右邻居，连同一保居民，全族处死。”同僚说：“盗贼本人尚且无灭族之罪，何况四邻和同保的居民了，哪能也全族处死呢？”

苏逢吉仍然坚持要灭族，最后迫不得已，只涂掉“全族”二字。后来，苏逢吉被提升为宰相，深受信任。

在军事方面，刘知远委托杨邠、郭威

去办理。

第二年正月二十七日，刘知远病危，召苏逢吉、杨邠、史弘肇、郭威进宫接受遗诏说：“我力气已尽，呼吸困难，不能多说话了。承祐年纪还小，后事全靠你们了。”接着又说：“要谨防杜重威！”不多时，瞑目而死。

苏逢吉等人封锁消息，不使外人知道。

过了三天，苏逢吉等人用刘知远的名义降诏说：“杜重威等人在我生病之时妖言惑众，动摇军心，应将杜重威以及他的儿子杜弘璋、杜弘琏、杜弘璨一律斩首。后晋公主石氏及其他远近亲族，不加追究。”

杜重威的尸体拖到街上示众时，百姓争着割他的肉吞吃，顷刻割尽，只剩下一堆白骨。

次日，又用刘知远的名义降诏，封皇子刘承祐为周王兼同平章事。不久，宣布刘知远去世的消息，公布遗诏，让刘承祐即位。

后汉高祖刘知远的李皇后是晋阳人，出身贫贱。刘知远年轻时在晋阳牧马，见李氏貌美而又贤淑，便夜入其家，将其掠走为妻。婚后，李氏劝刘知远道："你有勇有谋，何不投军？为人牧马，岂不埋没终身？"在李氏劝说下，刘知远投到后唐明帝麾下，因作战智勇双全，升至骑将。后来，他帮助石敬瑭建立后晋，被任命为河东节度使、北京留守。李氏被封为魏国夫人。后汉高祖天福十二年（947年），契丹侵入开封，俘获后晋出帝，后晋灭亡了。

刘知远决定驱逐契丹，夺回中原。出征前，为了赏赐将士，高祖想把钱摊派在百姓身上。李氏听说后，忙劝阻道："国家之兴，全赖土地和百姓。如今国家新立，百姓未受恩惠，反要夺其钱财，这不是新天子爱护百姓的道理啊！现在，应该拿出宫中的积蓄赏赐将士。虽然钱财不多，将士也不会有怨言的。”高祖听了李氏之言，觉得极为有理，不禁改容道：“遵命了。”于是，倾宫中所有，全部用以赏赐将士。朝野听说此事后，无不感动振奋。

刘知远进入开封后，改国号为“汉”，立李氏为皇后。

高祖去世后，隐帝继位，尊李氏为皇太后。

后周显德元年（954年），李皇后去世。

后汉历二帝，共四年。

五、后周

唐昭宗天复四年（904年），后周缔造者郭威生于邢州尧山（邢台市隆尧县西）。

晋王李克用在位时，郭威的父亲郭简在他手下担任顺州刺史。幽州军阀刘仁恭攻破顺州时，郭简被杀了。这时，郭威才几岁。不久，母亲也去世了。

郭威成了孤儿，还是个孩子，贫困无依，无法独立谋生，只得投奔潞州人常氏。

18岁时，郭威投军，在后梁潞州留守李继韬部下当兵。

郭威身材魁梧，力大无穷，作战勇敢，深受李继韬的赏识。

郭威爱喝酒，喜欢打抱不平。一天，郭威酒后上街，见一个屠户欺行霸市，大家都很怕他。郭威不服气地走到这个屠户面前，让他割肉。屠户割完肉后，郭威故意说割得不对，并大声斥责他。屠户咽不下这口气，扯开衣服用手指着肚子说："算你有种量，你敢杀我吗？"郭威借酒使气，照他肚子就是一刀，将他捅死了。

屠户一命呜呼，郭威被抓进监狱。李继韬佩服他的勇气和胆量，偷偷将他释

放，然后又将他召到麾下当兵。

后唐庄宗李存勖攻灭后梁时，杀了李继韬。李继韬的部队被收编，郭威因为识字，粗通文墨，被任命为军吏。

郭威喜欢读书，尤其喜欢读兵书《阃外春秋》。《阃外春秋》的作者李筌，道号达观子，陇西人，曾于唐玄宗开元（713—741年）年间担任荆南节度使。后来，他被奸相李林甫排挤，怀才不遇，便隐居在嵩山的少室山上修道。他留下了几卷兵书，最著名的有《太白阴经》《阃外春秋》等。郭威一拿起《阃外春秋》，便手不释卷，细心揣摩，终于懂得用脑子打仗了。

刘知远担任后晋侍卫亲军都虞候时，郭威主动投到他的麾下，深受器重。

契丹灭后晋时，刘知远起兵太原，即位后拜郭威为枢密副使。

刘知远临终前，将太子刘承祐托孤于郭威和史弘肇。

刘承祐即位，史称隐帝，进封郭威为

枢密使。

这年三月，河中李守贞、永兴赵思绾、凤翔王景崇相继反叛，隐帝派遣白文珂、郭从义、常思等前去征讨，都无功而返。

隐帝对郭威说："朕想麻烦你行吗？"

郭威回答说："臣不敢申请，也不敢推辞，唯陛下之命是听。"

于是，隐帝加授郭威同中书门下平章事，让他到前线督战，指挥众将。

郭威到了军中，接见宾客时穿宽袍，扎大带，上阵时用头巾束发，身穿短衣，与士兵无异。皇上有所赏赐，他就召集众将习射，任他们随便拿取，剩下的全部分给士兵，将士无不欢欣。

郭威到河中后，自己在城东建营栅，命常思在城南建营栅，命白文珂在城西建营栅。接着，又征调五县壮丁二万人修筑连接三座营栅的壁垒，护卫三座营栅。

众将都向郭威进言说："李守贞气数已尽，不久就可攻灭他，大帅不必如此劳费人力。”郭威不听这些建议。

不久，李守贞频频出兵，击坏了连营壁垒，郭威立即命人重新修复。

李守贞频频出击，每次出击都损兵折将。过了很久，李守贞城中的将士和粮食快消耗完了。这时，郭威说：“我们可以攻城了！”

于是，全军准备好攻城器械，郭威定下日期，从四面攻城，很快便攻破了河中外城。

李守贞见状，和妻子儿女自焚而死，赵思绾、王景崇相继投降。

隐帝接到捷报，心中大喜，设宴庆功，用玉带慰劳郭威，加授检校太师兼侍中，郭威推辞说：“我事奉先帝，见过的功臣很多，都不曾用玉带赏赐。”

接着，郭威又说：“我有幸能够统率军队，凭借大汉之威打败贼军，并非我一人之功，全靠将相贤明，能够尽忠朝廷，安定天下，又按时供应军需物资，因此我才能用心打仗。”

隐帝认为郭威是贤人，于是将杨邠、史弘肇、苏逢吉等人全部召来，都赐予玉带，郭威这才接受了。

郭威又把功劳推给大臣，请求封爵和赏赐。于是隐帝加封窦贞固为司空，苏逢吉为司徒，苏禹珪、杨邠为左右仆射。

这样，郭威不但赢得了军心，也赢得了民心。

这年冬天，契丹侵犯边境，郭威以枢密使的身份率军北伐，兵到魏州，契丹不战而遁。

后汉乾祐三年（950年）二月，郭威率军返回。四月，隐帝任命郭威为邺都留守、天雄军节度使，仍然以枢密使的身份赴任。

隐帝大权旁落，竟和心腹李业等人秘密策划，杀死了在京的史弘肇等人。接着，隐帝又降诏给镇宁军节度使李弘义，让他在澶州杀死侍卫步军指挥使王殷；

降诏给侍卫马军指挥使郭崇，让他在魏州杀死郭威和宣徽使王峻。

诏书先送到澶州，李弘义担心不能成事，把诏书拿给王殷看。王殷看了之后，和李弘义一商量，马上派人告诉郭威。

不久，传诏杀死郭威、王峻的使者也骑马飞驰而至，郭威把诏书收起，到卧室和枢密使院吏魏仁浦商量对策。

魏仁浦劝郭威起兵，教郭威写一道假诏书，诏书上命令郭威诛杀众将，以此激怒他们。郭威依计而行，众将怒气冲天，一致表示愿为郭威效命。于是，郭威起兵，向汴京进军。隐帝闻讯，将郭威的家属全部杀死。

十一月，郭威率军来到汴京城下。隐帝到城外刘子坡观战，见后汉军大败，于第二天清晨慌慌张张逃回。不料开封尹刘益已经投了郭威，拒绝他进城。隐帝只得带着苏逢吉、聂文进和茶酒使郭允明等人向西北逃去。

逃到赵村时，忽见后面烟尘大起，隐帝以为是追兵，便仓皇下马，打算躲入村民房中。郭允明见形势危急，想以隐帝作为进见礼投降追兵，便上前一刀将隐帝刺死。其实后面并不是追兵，而是隐帝的亲兵赶来护驾。郭允明见自己弄巧成拙，立即自刎而死。

郭威进京后，率百官朝见太后，请立嗣君。太后下令说："文武百官和六军将校，可议择贤明之人，以承大统。"几天后，郭威率百官到明德门，请立武宁军节度使刘赟为嗣。

十二月，郭威派人迎接刘赟，出其不意将其杀死。

次年正月，郭威在众将拥戴下做了皇帝，建立周朝，史称后周。

后周显德元年（954年），郭威病死。柴荣即位，史称周世宗。

北汉主刘崇趁后周国丧，勾结契丹南侵，想一举消灭后周。世宗闻讯，毅然率领人马前去抵御，打败了刘崇。刘崇只得披上蓑衣，戴上斗笠，仅带一百余人狼狈地逃回太原。

会战胜利后，柴荣为寻求治国方略，经常寝食不安。他对近臣说：“我刚刚即位，经历还浅，懂得的事情不多，而国事这样重大，我担心不能办好。”为了集思广益，世宗开始求贤求谏。他规定臣子要随时上书议事，批评朝政，推荐人才。

显德二年（955年），世宗命令文臣武将都要写《为君难为臣不易》和《平边策》各一篇，提供治国方略和进取大计。

大臣王朴在《平边策》中说：“中原残破，来自于政治腐败，以致君昏臣邪，兵骄民困。现在要想治国，一要整顿政风，好官留下，坏官革职，君臣间以诚相见，建立严明的考核与赏罚制度；二要理财，减轻赋税，让百姓过上温饱的日子。只有这样，国家才有可用的人才和物力，才能完成统一天下的大业。”

王朴的建议正合柴荣的心意。于是，他开始大刀阔斧地进行改革。

世宗重用人才，任人唯贤。一天，柴荣要提升出身低贱的魏仁浦当宰相。有人说："魏仁浦不是科举出身，不能当宰相。"柴荣反问道："自古以来有才能的宰相，难道都是科举出身吗？"他力排众议，破格任用小吏出身的魏仁浦当了宰相。

为了防止舞弊，世宗下令对已选取的进士进行考核。世宗所任命的官员都是有才干的。唐末以来，佛教在中国发展得很快。后周时，寺院遍及各地，有僧尼近百万。许多富户为了逃避赋役，托名僧尼，甚至将庄园托名寺产。军队中的逃兵、无业游民、逃亡奴婢、罪犯等也多遁迹寺院，求得庇护。这使国家失去了大量的劳动力和收入。世宗下令道："除少数法定寺院外，其余一律废除。"经过整顿，废去寺院三万余所，裁减了大批僧尼。

世宗下令将民间的佛像、铜器销熔

铸钱。国家因此获得了大量钱币，充实了国库。在拆毁佛像时，许多人不敢动手，怕来世受报应。面对慈眉善目的大铜佛，人们好像看到了释迦牟尼。柴荣为消除人们的疑虑，解释说：“佛是佛，铜像是铜像。况且佛为了利民，连自己身上的肉和眼睛都要拿出来施舍，我们把佛像砸了铸钱，于民有利，佛也是会同意的。”

经过世宗的改革和整顿，中原经济迅猛地向前发展，社会秩序安定，百姓生活逐步改善，为统一全国奠定了基础。

世宗三征南唐，取得了江北十四州六十县的土地。

接着，世宗决定收复幽州。显德六年（959年）三月，世宗亲自统兵北伐，战争进展得非常顺利。四月，契丹宁州刺史王洪献城投降。接着，益津关契丹守将终延辉开关投降。赵匡胤率军进入瓦桥关，契丹守将姚内斌也献城投降了。仅四十二天，后周大军就收复了三关十七县土地，契丹统治者惊慌失措。

世宗准备直取幽州，先头部队已经攻入易州、固安。这时，世宗突然患病了。他只得在瓦桥、益津两关设雄、霸二州，留兵驻守，然后匆匆回师南下了。

回到开封后，到第十八天，年方39岁的世宗就病死了。收复燕云十六州全部失地的雄心壮志未能实现。

周世宗死后不久，后周大将赵匡胤夺取后周政权，建立了宋朝，五代这段历史时期结束了。

六、十国

1. 前蜀

前蜀的缔造者王建生于唐末战乱时期，是许州舞阳人。他家境贫寒，没读过书，目不识丁。

王建先世以卖饼为业，号称饼师。不过，他没有继承祖业，而是贩卖私盐。

那时，各地方镇割据，相互攻伐，朝廷无法控制局面，常常受制于人。

一天，王建因得罪乡宦，被关进许州监狱。后来，他逃出监狱，藏进武当山中。一个老和尚见了王建，认为他不是等闲之辈，便对他说：“乱世出英雄！像你这样的人，恐怕只有去投军才能有出息。”于是，王建投到忠武节度使杜审权麾下，当了一名士兵。因他作战勇敢，又有计谋，很快便被提升为军官了。

不久，监军杨复光挑选勇士组成八支劲旅，称作忠武八都，任命王建等八人为都将，各辖一千人为一都。

黄巢攻克长安前，唐僖宗逃往四川。

唐僖宗中和三年（883年），都将鹿晏弘借口迎接逃往四川躲避黄巢义军的唐僖宗，率领王建等人进驻兴元，拥兵自重，要割据一方。

鹿晏弘性好猜忌，凶狠残暴，王建等人不堪忍受，在田令孜的引诱下，与晋晖等五人率本部人马三千余人奔往成都，投奔了唐僖宗。

唐僖宗得到三千精兵，非常高兴。田令孜将王建等五人收为义子，拜为将军，号称“随驾五都”。黄巢兵败后，王建随唐僖宗回到长安。

唐僖宗回长安后，河中节度使王重荣和田令孜因争夺产盐的解池发生冲突。不久，王重荣与河东节度使李克用联兵进犯长安。

唐僖宗闻讯，急忙以王建为清道斩斫使，逃往四川。一路上，王建拼死护驾。在过栈道时，栈木已被追兵燃着，摇摇欲坠。王建舍身为唐僖宗牵马，勉强从火中冲出。唐僖宗感激涕零，当即脱下黄袍赐给王建说：“袍上有朕的泪痕，权作纪念吧。”

到四川后，唐僖宗马上委任王建为壁州刺史。禁军将帅兼任州刺史，从来没有过，王建是第一人。为此，王建十分得意，认为自己要青云直上了。

可是，回京不久，田令孜在朝失势，

主动要求去成都做了西川监军。

田令孜离开朝廷后，枢密使杨复光取代了他，极力排斥田令孜的党羽。王建因护驾有功，虽未被罢官，但也被派到山南西道的利州做了一名刺史。

王建攀龙附凤的幻想破灭后，感到非常失望。从此，他认识到依靠皇帝是靠不住的，决心凭自己的力量做一番事业。

王建到利州上任后，召集勇士练兵习武。不久，王建势力大增，士兵达到数千人。他还接受部将綦毋谏的建议，安抚境内百姓，鼓励生产。

唐僖宗光启三年（887年），王建的上司山南西道节度使杨守亮担心王建势力日盛，不受约束，多次召王建前往。王建根本不予理睬，干脆率领部下沿嘉陵江而下，攻克相邻的阆州，赶走了原刺史杨茂实，给自己升官为防御使。

在阆州，王建招纳亡命徒，并与故交剑南东川节度使顾彦朗建立联系，互相配合。这样，他的势力一天比一天大了。

王建的所作所为很快引起了剑南西川节度使陈敬瑄的警觉。陈敬瑄唯恐王、顾联合对他不利，便请监军田令孜出面解决此事。田令孜十分放心地说："王建是我义子。只要我写封信，他定会前来听你指挥的。"

王建见信后，认为机会难得，十分高兴地说："我去成都，讨个节度使做做。"他将家属委托给顾彦朗，自己率领精兵两千人前往成都。

但是，当王建的队伍到了东西川交界的鹿头关时，陈敬瑄又改变了主意。他认为王建骁勇难驯，一旦进入成都，必将引狼入室，恐生不测。于是，他派使者赠钱万缗，仍要王建回阆州。同时，他还增设守备，防备王建。

王建闻讯大怒，不肯返回，率领人马攻破鹿头关，连拔汉州、德阳，直逼成都。

陈敬瑄遣人责问王建："为何如此无

礼？”

王建回答说：“阿父召我来，我若回去必被顾公所疑。我走投无路，才占你汉州，攻你成都。”

田令孜登上城楼安抚王建，王建拜道：“儿已无归路，只得做贼了。”

王建率军围攻成都，一连三日未能攻下，只得退回汉州。

从此，王建以汉州为据点，屡次进犯西川诸州，但并无进展。

唐僖宗文德元年（888年）三月，唐僖宗病逝，唐昭宗即位。王建对部将说：“我在军中多年，深知用兵若不用天子名义，不仅敌城不会归顺，自己的将士也容易离散。”于是，他抓住这个机会，让谋士周庠代他起草一份奏章，要求为朝廷讨平陈敬瑄。

唐昭宗在做寿王时就对田令孜不满，即位后便罢了田令孜的监军之职，勒令致仕；他还要收回陈敬瑄的节钺。田、

陈二人拒不受命。

如今，唐昭宗见了王建的奏章，正合其意。他决定借此机会将西川控制在朝廷手中，便派宰相韦昭度为西川节度使兼两川招抚制置等使。

这年十二月，唐昭宗调军近十万，任命韦昭度为招讨使，王建为行营诸军都指挥使，攻打成都，并特地割西川邛、蜀、黎、秭四州，设置永平军，以王建为永平军节度使。

韦昭度和王建围困成都达三年之久，仍不能攻克。这时，朝廷苦于运粮，而且各地藩镇混战不已，因此唐昭宗决定召回韦昭度，恢复陈敬瑄的官爵，命王建退兵归镇。

王建闻讯，马上和周庠商议对策。周庠劝他请韦昭度还京，由他自己独力攻打成都。王建觉得有理，立刻上表朝廷，极言田、陈罪大恶极，不可赦宥，要求予以诛灭，以肃纲纪。然后劝韦昭度还朝，把

讨伐重任交给他。

韦昭度刚一出川，王建马上派兵扼守剑门关，关上了蜀中大门。接着，他率领士兵猛攻成都，并且暗地里派部属潜入成都探听敌情，分化城内守军。

成都经过三年围困，处境已经十分困难，百姓与士兵饿死无数，常发生人吃人的现象。

唐昭宗大顺二年（891年）八月，成都粮尽兵疲，田令孜与陈敬瑄只得开城投降。

王建入城，自称西川留后。朝廷任命王建为西川节度使，封为西平郡王。

为除后患，王建索性将田令孜和陈敬瑄杀掉，自诩为大义灭亲，朝廷只好听之任之。

王建占领西川后，正值顾彦朗病死，他的弟弟顾彦晖继任东川节度使。王建一心想独占两川，于是决定吞并东川。

唐昭宗乾宁四年（897年），王建攻下梓州，灭了顾氏，东西两川尽为王建所有。

接着，王建又趁朱温围攻凤翔之机，出兵夺取汉中及秦、凤、成、阶诸州，作为蜀中屏障。

至此，王建不但拥有两川，并且兼据汉中、陇东，奠定了前蜀王国的基业。

唐昭宗天复三年（903年），朝廷晋封王建为蜀王。

第二年八月，朱温杀了唐昭宗，另立唐哀帝。

天祐四年（907年）三月，朱温称帝，建立后梁，王建拒不承认。

这年九月，王建在掌书记韦庄的策划下，率众为唐室大哭三日，然后称帝，国号大蜀，史称前蜀。

王建兵力虽强，但他却不穷兵黩武，只以保境安民为事。

王建招抚流亡，劝课农桑，取得了显著的效果。王建颁布了一项规定：逃亡的军人和百姓，即使有公事牵连的，也都可以回乡，所在地方不得刁难。官府征没的屋舍庄田，应归还本主或其妻儿。官府不得随意摊派，只能按规定征收税赋。这些规定有利于社会安定和经济发展，受到百姓的称赞。当时，蜀中百姓安居乐业，经济得到了迅速的恢复和发展。

由于生产的恢复和发展，前蜀国力大增，出现了空前的繁荣景象。

前蜀王建光天元年（918年），王建病死，其幼子王衍继位。王衍只知吃喝玩乐，毫无才能，只因其母受宠，他才有幸做了蜀主。

前蜀咸康元年（925年），前蜀被后唐所灭。

前蜀历二主，共35年。

2. 后蜀

后蜀的缔造者孟知祥是邢州龙冈（今河北邢台西南）人，武艺高强，智勇双全。祖父孟察和父亲孟道在郡里做军官，而父亲孟道于唐朝末年在河东任职，是晋王李克用的部下。

李克用看中了孟知祥，任命他为左教练使，还将自己的侄女嫁给他。

李克用死后，其子李存勖继任晋王，对孟知祥也很器重，十分欣赏他的才干，要任命他做位高权重的中门使，这是李存勖身边的要职。但是，孟知祥却不肯就任，极力推辞，因为以前的中门使几乎都因为得罪主子而被杀了。

孟知祥执意不肯出任中门使，李存勖只好答应，但要他推荐一个人代替他，孟知祥便推荐了郭崇韬。孟知祥改任马步军都虞候，做了高级将领。

李存勖灭后梁之后，建立后唐，迁都洛阳，将太原定为北京，孟知祥被任命为北京留守。

后来，后唐派郭崇韬率军去灭前蜀。郭崇韬临行时，为报孟知祥举荐之恩，特

地向李存勖推荐孟知祥担任蜀地的军政长官。

郭崇韬很快灭了前蜀，李存勖按照郭崇韬的推荐让孟知祥赴蜀主持军政事务，还设宴为他送行。

这时，宦官正在诬陷郭崇韬，说他灭蜀后要造反了。因郭崇韬一身正气，最恨阴阳怪气、挑拨是非、害君误国的宦官，宦官这才诬陷他。

李存勖宠信宦官，以他们为心腹，十分相信他们的话，正在犹豫是否杀掉郭崇韬。孟知祥劝李存勖道："崇韬是国家功臣，一向忠心不二，不会反的。等臣到蜀地调查一下，如果没事就让他回来吧。"

孟知祥在赴蜀途中，遇到了拿着命令前去杀郭崇韬的宦官，于是昼夜兼程赶赴成都，但赶到成都时郭崇韬已经被杀了。朝廷这样对待功臣，孟知祥的心一下子凉透了。

孟知祥在成都安抚众将，又派兵到

各地剿匪，维持地方治安。

不久，康延寿率军反叛，割据汉州（今西川广汉）。孟知祥派兵生擒康延寿，收降了他的几千士卒，扩充了自己的实力。

后唐同光四年（926年）四月，李存勖在兵变中被杀，其子李继岌在渭南（今属陕西）遇害，李嗣源继位，史称后唐明宗，改元天成。

后唐朝廷发生内乱，死人的事如同儿戏。为了自保，孟知祥一心经营蜀中，有了称王的念头。他训练军队，扩充兵力达七万多人，对于朝廷的命令开始抵制。

这年冬天，宰相任圜派太仆卿赵季良入蜀，要孟知祥上缴二百万缗犒军钱，并由赵季良制订两川征赋数额。孟知祥大怒，拒不奉诏。

枢密使安重诲担心孟知祥割据蜀中，派宦官李严入蜀做监军。孟知祥连忙陈兵于北境，想把李严吓回去。此举无效

后，就在成都的欢迎酒宴上给李严扣上矫诏赴任的罪名杀掉。

后唐明宗见孟知祥尾大不掉，十分恼火，但鞭长莫及，只好改变策略，把扣留在凤翔（今属陕西）的孟知祥的妻儿送到成都，以示恩宠。从此，蜀地和朝廷维持着一种若即若离的关系。

后唐长兴元年（930年）孟知祥举兵反唐。后唐明宗派女婿石敬瑭前去讨伐，打了败仗，被迫撤军，孟知祥乘机占领利州（今广元）和夔州等地，进一步扩大了地盘。

孟知祥要求后唐明宗给他独自治理四川的权力，后唐明宗一是顾及亲属关系，二是不愿孟知祥真地独立，使朝廷丧失大量的租赋收入，就答应了他，后来又于长兴四年（933年）二月封孟知祥为蜀王。这年十一月，后唐明宗病死，其子李从厚即位，为孟知祥称帝提供了机会。

后唐明宗在世时，碍于对他的恩宠，

孟知祥一直没有称帝。等明宗一死，他就听从赵季良的劝告，于第二年，即后唐应顺元年（934年）在成都正式称帝，建立蜀国，史称后蜀。这时，后唐大乱，李从珂在凤翔起兵夺位，李从厚派兵镇压，大败而逃，根本无暇顾及西蜀。

孟知祥在四川采取了一些惠民措施，废除苛捐杂税，减轻了百姓的负担。

为了促进农业生产，孟知祥组织人力修缮水利设施。

孟知祥还整顿吏治，派遣清官上任，治理地方，巩固四川的统治。

在孟知祥的苦心经营下，蜀地逐渐稳定下来，生产力得到了恢复和发展，一斗米只值三文钱。

孟知祥去世后，其子孟昶继位。他下令在成都城墙上遍种芙蓉，美化城市。每当九月花开，全城一片锦绣。成都简称蓉城，就是从孟昶植蓉开始的。

后蜀宰相毋昭裔与赵崇祚编印唐、五

代词五百首，取名《花间集》，对后世影响很大。毋昭裔还出私资百万营建学馆，并雕版刻印《九经》，使蜀地文风大盛。

后蜀历二主，共32年。

3. 吴

吴国的缔造者杨行密是庐州合肥（今安徽合肥）人。他从小成了孤儿，吃了好多苦，饱受磨炼，成年后力气极大，能轻而易举地举起一百斤重的东西，能日行三百里。

唐朝末年，各地纷纷爆发农民起义。为了生存，杨行密也参加了江淮一带的农民起义。起义失败后，杨行密被捕。庐州刺史见他相貌奇伟，没有处死他，而是将他放了。

后来，杨行密在州里募兵时投军，经常立功，很快升为队长，不久被派到朔方（今宁夏灵武西南）去戍边。一年后期

满回来，因为没有送礼，军吏又让他去戍边。临行时，军吏假装好人，问他还缺什么，杨行密大怒道："就缺你的头！"说完，一刀将军吏的头砍下。

杨行密杀了军吏后，召集一百来人发动兵变，自称八营都知兵马使。新任庐州刺史郎幼复吓得落荒而逃，杨行密趁势接收了城内的军队，占领了庐州。唐廷承认既成事实，任命他为庐州刺史。

淮南节度使高骈是杨行密的顶头上司，十分器重杨行密。但高骈年迈昏聩，迷上了道术，宠信方士吕用之。吕用之掌权后，独断专行，淮南将领毕师铎恐怕被害，于唐僖宗中和五年（885年）联合宣州观察使秦彦攻入扬州，杀了高骈。杨行密闻讯，命全军将士为高骈穿孝，大哭三日。然后，杨行密率军攻入扬州，自称淮南留后。

留后是唐代节度使缺位时设置的代理职称。

杨行密见扬州城内大饥，百姓吃黄泥饼充饥，甚至吃起人肉来。于是，他立即下令用军粮救济百姓。

接着，杨行密率军南征北战，夺取了江淮一带土地，先后消灭了其他割据势力。唐昭宗景福元年（892年），杨行密被任命为淮南节度使。

唐昭宗干宁四年（897年），宣武节度使朱温大举南侵，企图吞并江南，被杨行密大败。此后，朱温再也无力南下。此后数十年间，南北形成了分裂之局。

经过长期混战，杨行密在江淮一带站稳了脚跟。虽然四处都是割据势力，但是连朱温这样的强敌杨行密都能打败，其他人就更不敢轻举妄动了。

唐昭宗天复二年（902年），拜杨行密为吴王。

吴国最强盛时，包括今江苏、浙江、安徽、江西和湖北等省的一部分。

吴国又称南吴、杨吴。

局势稳定下来，杨行密为江淮地区的治理创造了良好的环境，为百姓创造了一片乐土。

杨行密幼时贫穷，了解民间疾苦，非常注意维护百姓的利益。他在淮南召集逃亡的百姓，分给他们田地，让他们耕种，收租很少，百姓过上了温饱的生活。这对江淮一带经济的发展起到了推动作用。

杨行密对属下很宽容，和属下的关系非常好，能与将士同甘共苦，推心置腹，因而赢得了官兵的爱戴。

杨行密生活节俭，当上吴王后，为了不忘本，他经常将早年穿的有补丁的衣服穿在外衣里面。

杨行密度量很大，非常宽容。一年，有人反叛，将他的祖坟掘了。这在封建社会是奇耻大辱，任何人都不能容忍的。等叛将被击败后，有人提议去掘叛将的祖坟以报仇雪耻。杨行密叹道："算了吧，他如此作恶，我怎能和他一样也去作恶呢？"

杨行密重视人才，知人善任，能够做到人尽其才。对于原属敌对集团的人才，他也能加以重用。杨行密旧友宁国节度使田頵发动叛乱时，一批属吏也卷了进去，如善于理财的宣州长史骆知祥和善于写文章的观察牙推沈文昌。尤其是沈文昌，曾为田頵撰写檄文辱骂杨行密。平叛后，杨行密对这两人不加惩治，反加重用。他用骆知祥为淮南知计官，掌管财政；用沈文昌为节度牙推，在幕府中担任要职。这两人都为吴国做出了巨大的贡献。

从唐末至五代，吴国统治江淮地区近四十年。它与中原王朝几成南北对峙之势，使得南方诸政权并存的局势得以实现。

唐哀帝天祐二年（905年），杨行密病死，其子杨渥继位。

杨渥喜好游乐，又排挤功臣。徐温发动兵变，杨渥被架空，于908年被杀，由其弟杨隆演继位。

919年，杨隆演正式即吴王位，改元武义，徐温继续独掌大权，杨隆演无法控制局面，于920年郁郁而终，其子杨溥继位，于927年正式称帝，大权依然掌握在徐氏手中。

937年，杨溥让位于徐温养子徐知诰，吴国灭亡了。

吴国历四主，共36年。

4. 南唐

南唐的缔造者李昪是徐州人，小名彭奴。

李昪的父亲李荣崇信佛教，积德行善。李昪六岁时，父亲被乱兵所杀，不久母亲也去世了。伯父李球无力抚养他，便把他送进濠州开元寺当了小和尚。

唐昭宗乾宁二年（895年），淮南节度使杨行密攻陷濠州，掠走了彭奴。因见他长得浓眉人眼，有一股英气，便收他为养子，极其喜欢他。但杨行密的几个儿子见彭奴英俊，心中嫉妒，容不下他。杨行密无可奈何，只得把彭奴送给爱将徐温。从此，彭奴成了徐温的养子，取名徐知诰。

徐知诰长大成人后，身高七尺，四方大脸，声如洪钟，不怒而威。

后梁末帝贞明五年（919年），徐温拥立杨行密的第二个儿子杨隆演为吴王，徐温则担任大丞相，掌握了朝中实权。

徐温死后，徐知诰继续掌握朝中实权，被封为齐王。

吴睿帝杨溥天祚三年（937年），徐知诰50岁了。他是个有野心的人，见老之将至，便急于夺位受禅了。这年十月，他逼杨溥禅位，改吴天祚三年为升元元年，自称皇帝，建国号为大齐。

徐知诰封徐温第五子徐知证为江王，第六子徐知谔为饶王，对徐温的后代都很厚待。

徐知诰称帝后，继续任用吴国旧臣，

使政局得以保持稳定。

升元二年（938年）九月，太府卿赵可封请徐知诰恢复李姓，设立宗庙。为了内部稳定，徐知诰没有答应。这样，徐姓大齐王朝又存在了一年。

升元三年（939年）正月，徐知证、徐知谔带头上表请徐知诰恢复李姓，宰相宋齐丘、枢密使周宗等人也上表请徐知诰恢复李姓。徐知诰说："朕不敢忘记徐氏的厚恩。"

不久，大臣奏称："江西杨花化而为李，临川李树结成连理，这些都是还宗的征兆。江南流传一首童谣，有一句说'东海鲤鱼飞上天'。'东海'即徐氏郡望，'鲤'乃'李'之谐音，这是说李氏起自徐氏而为天下之主。"

接着，齐王景通等人又再三奏请，徐知诰这才终于答应恢复李姓了。

这年二月，徐知诰改国号为大唐，史称"南唐"。他自称是唐室后裔，命群臣考

证他祖先的出处，最后确定他为唐太宗之子吴王李恪的十世孙。于是，命人续修族谱，成了大唐皇统的继承者，改徐温庙号为“义祖”，以示与自己的皇统有别。太庙配享按唐高祖、唐太宗、吴王李恪、义祖徐温顺次排列，既祭李氏，又祭徐氏。

这一切都做好后，他又让大臣给他改名。几经提名，最后定名为李昪。

李昪在位期间，保境安民，不肯对外发动战争。他常说：“百姓都是父母所生，怎能为了争城扩地，让他们肝脑涂地，血流遍野呢？仗一定要少打。”

李昪把精力用于整顿内部，进行了一些政治和经济改革。南唐地大物博，土地肥沃。在整军备战的同时，李昪特别注意奖励农桑。为了增加劳动人手，他大量吸收四方流民。他不准境内滥度僧尼。虽然他自己崇信佛教，却不准寺院势力过度发展。

由于不发动战争，赋役又轻，南唐百

姓能够安居乐业，生产积极性很高。

在手工业方面，南唐的纺织业、印染业、矿冶业、制茶业、造纸业、晒盐业、造船业、金银陶瓷业、文具制造业都有突出成就，不仅产量高，而且工艺精细。

李昪在位的十几年间，南唐户口增加，财用充足。

李昪设太学，兴科举，大建书院、画院，使南唐成为乱世里文人士大夫的理想栖身之所。江北士人多流落到此，南唐的文化之盛在五代十国中是绝无仅有的。

李昪澄清吏治，不用外戚辅政，不准宦官干政。在当时南北其他各国，在这方面都没有南唐做得好。

李昪称帝后，仍然保持艰苦朴素的作风，不忘本。他衣着朴素，脚穿蒲履，夏天在寝殿穿麻布衫。他不用金器、银器和玉器，平时用的是铁脸盆。宫殿不加扩建，仅布置一些盆景而已。左右侍候他的宫女不多，年纪大些就裁掉。

晚年，李昪为了长生，相信方士之言，服用丹药，中毒而死，在位七年。

南唐历三主，共39年。

5. 吴越

吴越国的缔造者钱镠于唐宣宗大宗六年（852年）生于浙江临安。

钱镠出生时，父亲钱宽正在他处。邻居跑来告诉他说："你家生个男孩，屋里传出了兵甲和马嘶声，乱作一团。"

钱宽认为这是不祥之兆，回家抱起钱镠就要往井里扔。祖母听说后，急忙跑来，硬是将钱镠夺下了。因此，钱镠小名叫婆留，是祖母留住了他的命。

钱镠自幼聪明，很有胆量。他家门外有一大片空地，空地上立了一根大木头，木头下面有块大青石。钱镠和邻家的孩子常在空地上玩耍，在大木头下面做游戏。

每逢做游戏时，钱镠总是往大青石上一站，指挥小朋友们集合、整队、操练，像个将军似的。孩子们都乐意听他的指挥，大家玩得很高兴。

钱镠长大后，勇敢好斗，专爱舞枪弄棒，武艺过人，善于射箭，一把长矛舞得神出鬼没。

唐朝末年，天下大乱，钱镠参军，不久升为偏将。他在镇压黄巢起义中立过功，先后升任刺史、节度使。后梁开平元年（907年），后梁太祖朱温封他为吴越王。

吴越拥有现在浙江全省、江苏南部和福建北部一些地方，它的北边和西边是南唐，南边是闽国，东边靠海。

南唐的地盘比吴越大得多，实力也比吴越雄厚。钱镠知道自己的处境危险，怕南唐来攻打，不敢疏忽大意。他晚上不敢安稳地睡觉，叫人用小圆木做了个枕头。要是睡得太熟，脑袋一动就醒了。他把这个枕头称为“警枕”，后世传为佳话。

钱镠年纪稍大后，特地在卧室里放了个盛白粉的盘子，晚上想起什么事就随时写在粉上，免得忘记。他还让侍从通宵值班，外面有人要来议事，就让值班的人把他叫醒，以免误事。

钱镠整天兢兢业业，十分注意发展农业生产。他在位期间，做了两件极有意义的事：一是修建钱塘江海堤和海塘，二是兴修吴中水利工程。

钱塘江的入海口十分宽阔，海潮倒灌时，常常冲上江岸，威胁着杭州城与周边农田的安全。钱镠下令征召大批民夫、工匠，凿石填江，修筑了一道坚固的石堤，保护了杭州城和农田。钱镠还叫人把江中的巨石炸平，让舟船航行，便利了水上交通。建造了龙山、浙江两座闸门，阻止海水内灌。还在许多河渠上建造了堰闸，可以蓄水泄洪，不怕旱涝。

吴中自嘉兴、松江到太湖沿岸常有水

旱之灾，钱镠募军沿河筑堤，使百姓在旱时可以引水灌田，在涝时可以放水出田。

江浙平原一带土地肥沃，温和多雨，再加上这些水利工程排灌便利，农业生产得到了发展，庄稼连年丰收，米价便宜，每石稻谷只值五十文钱，因此有人赞美吴越国是“地上天堂”。

从钱镠起，设立撩湖军，有兵千人，专门清理西湖葑草，疏浚西湖。西湖疏浚后，湖水自运河流入农田，所灌溉的农田高达千顷，百姓因此富足起来。

钱镠出身农家，生活俭朴，穿布衣，用旧蚊帐，不宴饮，不游乐，即便是除夕之夜也不大张鼓乐。

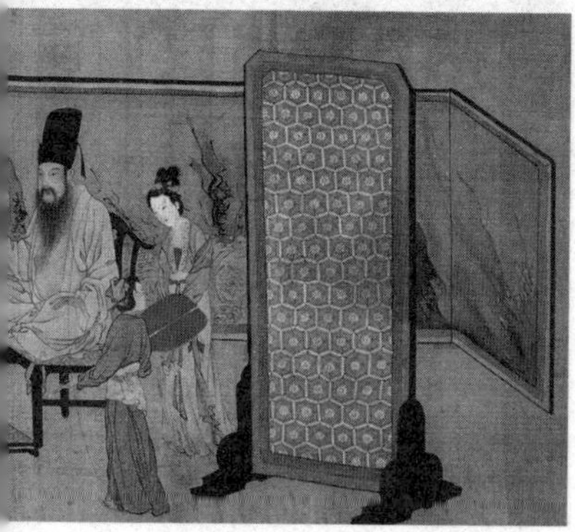

钱镠没有读过书，但喜欢做诗，还留心搜罗有名的文人，虚心听他们的建议。

后唐明宗长兴三年（932年），钱镠病逝。临死前，他嘱咐子孙说：“一定要好好服事中原王朝，即使他们改朝换代，也要以礼服事他们。”

吴越三代五帝都笃信佛教，现在杭州西湖周围的寺庙、宝塔、经幢和石窟等文物古迹大都是那个时期建造的。当时的杭州有“佛国”之称，富裕起来的百姓纷纷吃斋行善。

由于钱镠的子孙牢记钱镠的教导，吴越亡国时，他的子孙受到宋太祖和宋太宗的善待，百姓也避免了刀兵之苦。

吴越历五帝，共86年。

6. 闽

闽国的缔造者王审知是唐末光州（今河南固始）人，他的五代祖曾做过固始县令。从四代祖一直到父亲王凭都以务农为生。

王审知的哥哥王潮在县里做小吏，二哥和他在家务农。他们兄弟三人在当地都以勇武出名。

黄巢起义军打进长安时，各地起义

不断发生，寿州人王绪也起兵打进了固始。

王绪在固始扩充军队，发展势力，听说王潮兄弟很有名气，便将他们招进军中，任命王潮为军校。

王绪为了站稳脚跟，投靠了据守蔡州的秦宗权，秦宗权便任命他为光州刺史，让他配合官军攻打黄巢起义军。王绪不满秦宗权常常征收赋税，而且也不愿意受他控制，就迟迟不肯发兵。

秦宗权大怒，兴师问罪，王绪寡不敌众，只好率军退出固始，南下寻找发展机会。

王绪率军一直打到福建境内，军队发展到数万人。

王绪率军到漳州（今福建漳浦）时，因路险粮少，命令军中不得携带老弱之人。一天，王绪见王潮兄弟三人扶着老母随军而行，便斥责道："军中有令，不得携带老弱之人。你们违抗军令，不杀老母，这是不守军法。”

王潮兄弟齐声说：“人人都有母亲，没有无母之人，你为什么让我们舍弃老母！”

王绪大怒，命人杀掉王潮的母亲，兄弟三人挡住说：“我们侍奉老母如同侍奉将军，你既然要杀我们的老母，那就等于杀我们，请先杀了我们吧！”

众将士见状，纷纷为他们求情，王绪只好作罢。

王潮担心日后被王绪再找借口加害，于是决定先下手。他们挑选了几十个心腹勇士，埋伏在竹林里，等王绪一来，一拥而上将王绪拿获，王绪不久便被杀了。

王绪一死，众将一致推王潮为主将。王潮整顿军队，和得力的将领结拜，巩固了自己的地位。

王潮整肃军纪，禁止将士骚扰百姓，抢掠财物。王潮兄弟孝敬母亲，为了母亲不惜以性命相争，令将士由衷钦佩，大家都听他的。

在王潮的大力整顿下，这支军队军纪严明，秋毫无犯，所到之处大受百姓欢迎，深得民心。

王潮本打算向西进军，跋山涉水到蜀地去保护唐朝皇帝。但还未等出兵，便被当地百姓拦住了。

原来，泉州当时是福建的一座大城，而且是个良好的港口，海上贸易发达，当地很富庶。时任泉州刺史的廖彦若为饱私囊，横征暴敛，残忍无道，军民不堪其苦，但又无人敢于反抗。听说王潮大军爱民如子，军民都把希望寄托在王潮的身上。王潮领兵经过泉州辖境时，军民派张彦鲁为代表，请王潮带兵驱逐廖彦若，救泉州军民于水火之中。

这时，泉州的父老乡亲也拦在路中，带来牛酒犒军，流着眼泪恳求王潮为他们除害。

见百姓这样恳求，王潮便答应了。他

顺应百姓意愿，领兵包围了泉州城。

泉州城墙坚固，廖彦若驱兵死守，一时难以攻下。

王潮有泉州百姓支持，粮草供应充足，围困一年之后，王潮终于攻入泉州，处死了廖彦若。福建观察使陈岩顺应民意，任命王潮为泉州刺史。

王潮收编了泉州守军，扩充了军队。他减轻赋税，废除苛政，受到军民的拥戴。

陈岩临死之前本想让王潮代他主持福建军政，但未等发出任命他就死了，他的妻弟范晖夺取了政权。王潮不承认范晖主政，让三弟王审知进兵福州，讨伐范晖。

福州城比泉州城更难攻，王审知激励将士，将福州围得如同铁桶一般。围困一年后，城内粮草用光，属将杀了范晖开城出降。

王潮将官署迁到福州，礼葬了陈岩，

把自己的女儿嫁给陈岩的儿子，厚待其家属。

王潮赢得了福州的民心，唐昭宗任命他为福建观察使。

王审知被大哥任命为副使，但他没有一点骄横之气。王审知很有度量，有时被大哥责打斥骂也毫无怨言，这使王潮对这个弟弟格外器重。王潮病倒后，没让四个儿子主政，而是把军政大权交给了三弟。

王潮死后，王审知想让位给二哥，二哥说他没有三郎功劳大，坚辞不受，王审知只好继任。

不久，朝廷在福州建立威武军，任命王审知为威武军节度使，后又封他为琅琊王。

朱温建立后梁之后，封王审知为闽王。

王审知对福建的发展

做出了巨大的贡献，在当时的乱世，他治闽三十年，为福建赢得了“世外桃源”的美称。

王审之尊敬士人，加以重用。他还注重教育，大力兴办学校，为国家培养人才。

王审知让他的侄子王延彬治理泉州，使海上贸易迅速发展起来。闽国富了，王延彬被人尊称为“招宝侍郎”。

王审知生活节俭，为属下做出表率。一次，他的衣服破了，就拿酒库中的旧袋子补好，继续穿在身上。一天，使者从外地回来，献给他一个玻璃瓶。玻璃瓶在当时是奢侈品，不亚于玉器。王审知赏玩了一会儿，就把瓶子摔碎了。使者大吃一惊，忙问这瓶子有什么毛病。王审知回答说：“什么毛病也没有，但喜欢奇异之物是奢侈之本。我现在摔了它，免得子孙染上坏毛病！”

王审知一直不肯称帝，有人劝他称

帝，他说："我宁为开门节度使，也不做闭门天子。"

上至官员，下至百姓，都很爱戴王审知。有一年，雷电将海边劈出一个优良港口，人们都说这是王审知的仁政感动了上苍。

王审知以保境息民为立国方针，劝农桑，轻租税，结好邻国，奖励通商，闽国百姓得到三十多年的休养生息，都过上了温饱的生活。

闽国占地五州，即福州、建州、汀州、泉州、漳州，约占今福建的四分之一。

不幸的是，王审知死后，继任者多是暴君。

王延翰自称大闽国王，在福州湖滨建了十几里长的楼阁，称为水晶宫，经常游玩不归。

王延钧称帝，沉湎酒色，不理朝政。

王延羲即位后，更是荒唐。一天和群臣喝酒，一个个陆续喝醉被扶走了，只有翰林学士周维岳还在旁边陪他喝。王延羲问道：“维岳身体矮小，怎么这么能喝？”左右侍者回答道：“他有别的肠子，喝酒不在身体大小。”王延羲听了很好奇，让人将周维岳揪到殿下，要剖腹看看他的“别肠”。这时，旁边有人劝道：“杀了维岳，以后就没人再陪陛下喝酒了。”王延羲觉得此言有理，又将周维岳放了。

王延羲让人用银叶打造酒杯，让大臣用以饮酒。银杯柔软，酒倒满后就没法放下了，只能喝完后才能放下。群臣不胜酒力，因为喝酒出错而被杀头的人不计其数。

王审知的继任者一个比一个荒唐，国家大乱，南唐趁机进兵，王审知的另一个儿子王延政无力抵抗，只得投降，闽国灭亡了。

闽国历六主，共37年。

7. 楚

楚国缔造者马殷是许州鄢陵（今河南鄢陵）人，少年时当过木匠，应募从军后，在秦宗权军中当小将。

唐僖宗光启三年（887年）十月，马殷、刘建峰随秦宗权、孙儒大军与杨行密争夺扬州。

唐昭宗景福元年（892年）六月，孙儒战败，被杨行密所杀，马殷与刘建峰带残兵败将七千余人逃往江西洪州。马殷智勇双全，善于带兵打仗，很快就在江西聚集了十万余人。

唐昭宗乾宁元年（894年），刘建峰、马殷率部攻入湖南。

唐昭宗乾宁二年（895年）四月，任命刘建峰为湖南节度使，马殷为马步军都指挥使。

唐昭宗乾宁三年（896年），节度使刘建峰被部将所杀。马殷战功卓著，待人宽

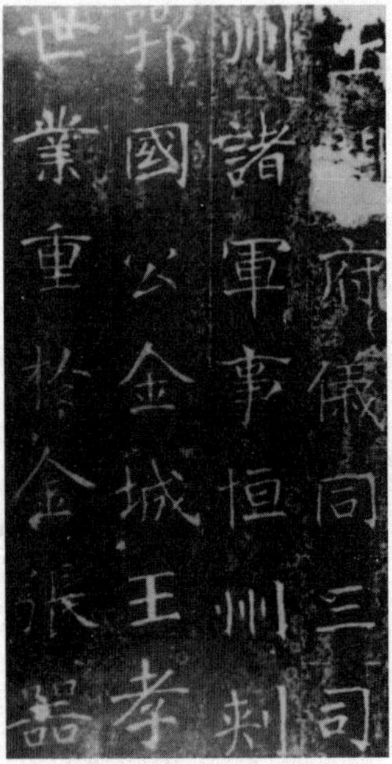

厚，深得将士拥护，被推举为节度使。

知人善任的马殷重用能征惯战的秦彦晖、李琼等将领继续征战，开拓疆土。从唐昭宗光化元年（898年）五月至光化二年，先后攻占衡州、永州、道州、郴州、连州等，占有湖南全境。

光化三年（900年）后，马殷夺取桂、宜、柳、岩、象五州，后又攻占澧、郎二州，势力范围包括湘、桂等省二十余州，拥兵十余万人。

马殷采纳谋士高郁的建议，向后梁进贡称臣，保境安民。

后梁开平元年（907年）三月，马殷被后梁太祖朱温封为楚王，定都潭州（今长沙）。

马殷利用楚国产茶多的特点，提倡种茶，让农民自采茶叶卖给北方客商，官收茶税。

每年楚国向梁太祖贡茶万斤，以换取卖茶权。梁太祖准许楚国在汴、荆、襄、唐、郢、复等州设立茶叶商店，运茶到黄河南北交换衣料和战马，获利十倍。

马殷为了招徕四方商贾，特地免收商税。

为了发展商业，马殷采纳大臣高郁的建议，利用湖南盛产的铝、铁铸钱，十文当铜钱一文，通行境内。商人出境后，铝、铁钱不能使用，只好购买湖南物产带走。楚国就这样利用境内所余之物换取天下百货，国家渐渐富了起来。

马殷闭境自保，使国家少受兵乱，避免了战祸。

后唐明宗长兴元年（930年），马殷病卒，终年79岁。马殷死时遗命诸子兄弟相继，马希声、马希范相继嗣位。

马希范奢侈无度，赋税苛重，学士拓跋恒上书说：“足寒伤心，民怨伤国，愿陛下减轻赋税。”马希范大怒，斥退拓跋恒。

后汉高祖天福十二年（947年），马希

范病死，众兄弟争位。一部分楚臣拥立马希广为楚王，另一部分楚臣拥立马希萼为楚王。

马希萼争位不胜，向南唐主李璟称臣求助，后攻入长沙，杀了马希广，自立为楚王。

后周太祖广顺元年（951年），马希崇推倒马希萼，派将官押送他到衡山县囚禁，马希崇自立为楚王。不料，押送官反倒拥立马希萼为衡山王，向南唐求救。

南唐主令边镐率兵攻入长沙，马希崇投降，马希萼被南唐软禁，楚国灭亡了。

楚国历五主，共56年。

8. 南汉

南汉缔造者刘龑的祖父是上蔡（今河南上蔡）人，原是大食商人的后代。

祖父迁到闽地，后因经商到了岭南。刘龑之父刘谦在唐朝末年弃商从军，被做过宰相的南海节度使韦宙看中，将侄女嫁给他，还不断提拔他。

后来，刘谦升任封州（今广东封开）刺史，拥有步兵上万，战船一百多艘。

刘谦死后，其子刘隐继任封州刺史，势力继续扩大，被后梁封为南海王。

为统一岭南地区，平定割据势力，刘隐连年挥兵出击。刘隐招兵买马，不耻下问，广纳贤才。

刘隐死后，其弟刘䶮继任南海王。不久，他征服了周边的割据势力，在广州称帝，建立了南汉。

刘谦和妻子韦氏生有两个儿子，即刘隐和刘台。后来，刘谦又私纳小妾段氏，生下刘䶮。正妻韦氏大怒，杀了段氏，但未忍伤害还是婴儿的刘䶮，而是抱回去和两个儿子一起抚育。

刘䶮称帝之后，继承哥哥的做法，厚待士人。唐朝流放到岭南的大臣的后代，以及为躲避战乱而逃到岭南的士人，都

受到刘龑的重用。

赵光胤被刘龑任命为宰相后，总以为自己是唐朝名门望族之后，在南汉任官是身不由己，因此情绪一直很低落，加上亲属在北方，总流露出对家乡的怀念之情。

刘龑了解这些情况后，特地让人仿照赵光胤的笔迹写了封信，然后派人到北方把他在洛阳的家属都接到岭南。赵光胤感激不已，从此全心全意为刘龑处理政事。

对于意见不一的人，刘龑也不加害，而是用其他办法解决。在他称帝时，王定保极力反对，刘龑便让王定保出使南平，然后称帝。王定保回岭南后发现生米已经煮成熟饭，又发起牢骚来，还讥讽刘龑。刘龑并不往心里去，只是得意地笑笑而已。

刘龑与邻国建立友好关系，通过儿女婚姻避免战争。

刘龑兴办学校，提倡教育，在国内推行科举制度，地方官全用文人，避免了藩镇割据，使南汉国力蒸蒸日上。

刘龑在晚年大建宫殿，极尽奢华，用金银珠宝和奇异珍玩装饰其中，令人眼花缭乱。

岭北商贾到岭南时，刘龑往往招他们去看宫殿，夸耀自己的财富。

刘龑非常残忍，常用一些酷刑，如炮烙、截舌、灌鼻、刀劈、锯割等。行刑时，刘龑极喜欢观看。见到受刑人痛苦地挣扎时，他竟高兴得手舞足蹈，嘴里还念念有词，口水都流了出来，国人都认为他是怪物投胎所生。

南汉光天元年（942年），刘龑去世，其子刘玢继位。

刘玢贪图享乐，不思治国，致使境内发生起义，南汉开始走下坡路了。

次年，刘晟杀兄自立，虽然他从南楚手中夺取了不少地盘，但他大肆屠杀皇族和部下，使南汉政权江河日下。

南汉大宝元年（958年），刘晟病逝，其子刘𬬮继位。

刘𬬮是个昏君，重用宦官和女官，朝政日益混乱。

宋太祖开宝四年（971年），宋军进攻南汉。南汉无力抵抗，刘𬬮出降，南汉灭亡了。

南汉历五主，共67年。

9. 南平

南平的缔造者高季兴是陕州峡石（今河南三门峡东南）人，幼年时给汴州商人李七郎做家奴。后来，李七郎被朱温收为义子，取名朱友让。高季兴随朱友让觐见朱温时，朱温特别看中他，认为他是个人才，让朱友让收他为义子。

朱温围攻凤翔时，高季兴因献诈降计有功，由牙将升为颍州防御使。

后梁太祖开平元年（907年），朱温称帝，建立后梁，任命高季兴为荆南节度使。

这时，荆南只存荆州一州，其他如归、峡、夔、忠、万、澧等州都已为其他割据势力所夺。高季兴赴任后，招集流民，网罗士人，在唐末进士梁震等人的辅佐下，积蓄力量，准备割据。

后梁末帝乾化四年（914年），后梁封高季兴为渤海王。

后唐灭后梁后，高季兴向后唐称臣。后唐庄宗同光二年（924年），封高季兴为南平王，正式建国。

后唐灭前蜀后，高季兴得到了归、峡二州。高季兴还想得到夔、忠、万等州，但后唐不给，只得作罢。

南平是五代十国时期最小的国家之一，疆域盛时约包括今湖北西部、重庆东部等地。

荆南虽地狭兵弱，却是南北交通要

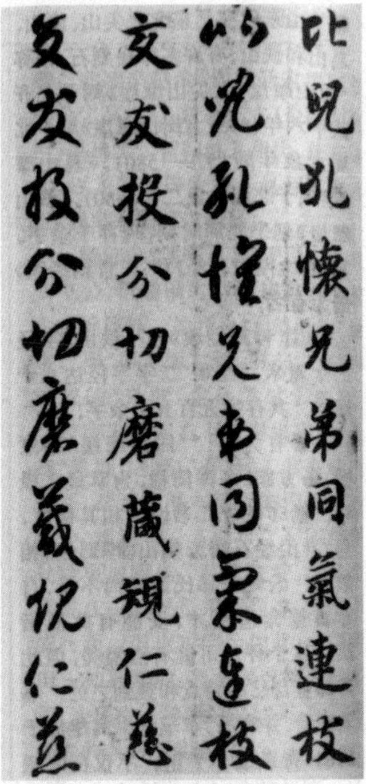

冲、往来使节必经之地。

这时，南汉、闽、楚都向中原称臣，而每年进贡都要向荆南借道。高季兴虽然做了南平王，但旧性难改，经常扣留使者，劫其财物。各国来讨伐他时，他便如数奉还，毫无愧色。南汉、闽、楚各国国主称帝后，高季兴为贪图赏赐，又先后向他们称臣。因此，高季兴被各国称为“高赖子”。

后唐明宗天成四年（929年），高季兴病死，后唐明宗追封他为楚王。为了与南边的楚国区分，又称“北楚”。

南平是南北交通枢纽，又是北方小朝廷与吴、蜀、楚诸国的缓冲地，依靠商税，勉强自成一国。

宋太祖建隆四年（963年），宋太祖使卢怀忠去南平观察情形，卢怀忠回来说：“荆南有兵不过三万，年景虽然不坏，但百姓困于暴敛，要想消灭它是很容易的。”果然，宋兵南下伐楚，经过江陵时便将南平灭掉了。

南平历五主，共57年。

10. 北汉

刘崇是后汉高祖刘知远的亲弟弟，长得与众不同，有一副美髯，而且重瞳。但他空有一副好皮囊，却嗜酒成性，喜好赌博，是个草包。

刘崇没有本事，全靠哥哥刘知远提拔，升得很快。刘知远做河东节度使时，提拔他为河东马步军都指挥使，居哥哥之下，坐了第二把交椅，专管军事。

后晋开运三年（946年），契丹灭掉后晋，刘知远起兵太原，做了后汉皇帝。刘知远领兵南下，驱逐契丹，夺取开封后，便以开封为都城，将原来河东这块根据地交给弟弟刘崇掌管，以太原为北京，任命刘崇为北京留守。

刘知远死后，其子继位，史称隐帝，

由郭威等一些老臣把持朝政。

郭威平叛立了大功后，刘崇对郭威十分畏忌，问谋士该怎么办，判官郑珙献计说：“后汉江山必将大乱，我们太原将士一向名扬天下，再加上地形险要，易守难攻。单凭我们的辖地就能供应军需，主公要做到有备无患，固守河东，以免将来被他人所制。”

刘崇高兴地说：“先生所言正合我意。”

于是，刘崇下令停止向朝廷进贡租税和财物，全部留下入库。接着，刘崇又招募一些亡命之徒充实军队，造了大量的兵器和铠甲，积极备战。刘崇还加重了对百姓征收的赋税，使百姓苦不堪言。

刘崇在名义上还和后汉朝廷保持着君臣关系，碍于他的身份，郭威等人对他也毫无办法。朝廷内部斗争激烈，没有力量处理河东的事情。

不久，后汉隐帝因大权旁落，发动政

变杀死了史弘肇等大臣。郭威起兵讨伐隐帝，隐帝出战身亡。

郭威为稳定局势和人心，没有立即称帝，而是让太后出面处理大事，自己在幕后操纵。他怕刘崇起兵声讨他，便提议立刘崇的儿子刘赟为帝。

刘崇头脑简单，看不出郭威的企图，还真以为可以高枕无忧了，他喜形于色地说："我儿子要做皇帝了，我还有什么担心的呢！"

刘崇身边的谋士提醒他早做准备，他根本听不进去。为探听虚实，他派人到开封去了解情况。

郭威知道刘崇派人来的意图，便用手指了指自己在身份低微时脖子上刺的飞雀说："自古哪有雕青天子，你回去告诉刘公，请不要猜疑，我对朝廷绝无二心。"

刘崇听了使者的报告，更加相信了，一心只想凭借儿子的帝位获得更大的荣耀和利益。

这时，大臣李骧站出来说：“郭威发兵犯上，目无君王，他不会甘心做臣子的，更不可能让刘姓人做皇帝。我们应该出兵太行，把守关口，观察事态发展。等刘赟登基后，我们再撤兵回来。”

刘崇听了，大骂道：“你这个臭儒生，想挑拨我们父子关系吗？”

说罢，命人将李骧推出斩首，李骧悲叹道：“我为蠢人谋事，真是该死！但我的妻子有病，无法独自谋生，请准我与她同死吧。”

刘崇将李骧和他的妻子都杀死了。

刘崇杀了李骧后，派人进京将此事告诉太后，以示忠心无二。不久，郭威即杀掉刘赟，在开封称帝，建立了后周。

刘崇这才大梦初醒，深悔未听李骧之言。于是，他立即据晋阳为都称帝，国号仍是汉，史称北汉，年号仍称乾祐，表示继承后汉的正统。为了忏悔，他为李骧修了一座祠堂，焚香致祭。

刘崇任命陈光裕为宣徽使结交契丹，自称与后周有仇，愿意效仿后晋高祖石敬瑭称契丹主为叔皇帝。契丹主大喜，派大臣册封刘崇为“大汉神武皇帝”。

为了替儿子报仇，刘崇与契丹联兵进攻后周，结果大败而归。

后周太祖显德元年（954年），郭威病卒，柴荣即位，史称周世宗。

刘崇以为报仇时机已到，借得契丹骑兵一万，自带轻骑三万，进攻潞州，向后周宣战。

由于刘崇轻敌，北汉军大败。刘崇慌不择路，仅率十余骑逃回太原。

周世宗乘胜追击，直趋晋阳城下。不久，周兵粮草不继，只得撤军。临走时，迁走北汉臣民十余万，使北汉的兵源和粮源发生很大的困难。

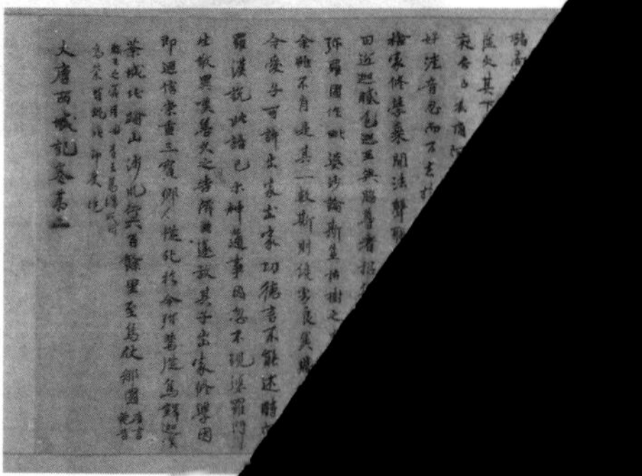

第二年十一月，刘崇忧病而死。他所建立的北汉偏处晋中一隅，屡靠辽兵增援才得以幸存。刘崇刚愎自用，昏聩无

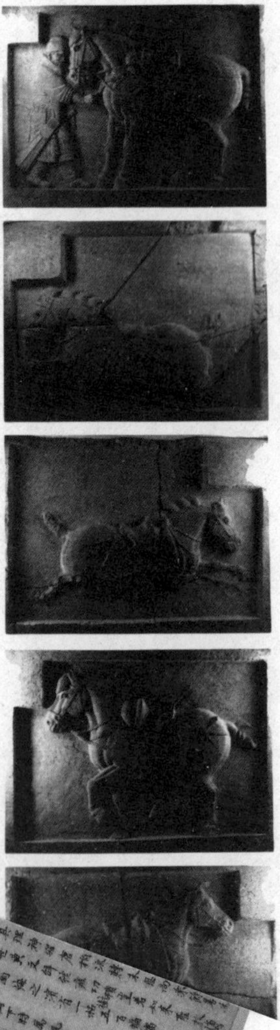

能，既无率兵之才，更无称帝之德。他乞求契丹为援，大损国人颜面。

刘崇死后，其子刘钧继立，奉辽帝为父皇帝。

河东之地，盛唐时有二十七万九千一百余户。北汉建立后，战事频繁，兵役繁重，强征十七岁以上男子当兵；又滥征赋税，进贡辽国。百姓被迫大量逃亡，以躲避战乱和横征暴敛。北汉灭亡时，仅剩下三万五千二百余户，为盛唐时的八分之一。

天会十二年（968年）七月，刘钧因宋军压境，国势日窘，忧闷而死，养子刘继恩即位。

同年九月，刘继恩被杀，另一个养子刘继元即位。

太平兴国四年（979年），宋太宗赵光率军亲征北汉。宋军先击溃辽国援军，猛攻太原，北汉主刘继元被迫出降，汉灭亡了。

北汉历四主，共29年。